Kay Laurence

Lernspiele für Hunde
Intelligenz • Körpergefühl • Motivation

© 2012 KYNOS VERLAG Dr. Dieter Fleig GmbH
Konrad-Zuse-Straße 3, D-54552 Nerdlen/Daun
Telefon: 06592 957389-0
Telefax: 06592 957389-20
www.kynos-verlag.de

Grafik & Layout: Kynos Verlag
Gedruckt in Lettland

Übersetzt aus dem Englischen von Martina Schoppe
Titel der englischen Originalausgabe: Learning Games © 2007 Kay Laurence

ISBN 978-3-942335-81-2

Bildnachweis:
Alle Bilder Viviane Theby, außer: S.64, S.91, S.97, S.122: Kay Laurence

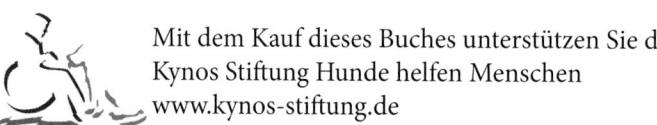

Mit dem Kauf dieses Buches unterstützen Sie die
Kynos Stiftung Hunde helfen Menschen
www.kynos-stiftung.de

Das Werk einschließlich aller seiner Teile ist urheberrechtlich geschützt. Jede Verwertung außerhalb der engen Grenzen des Urheberrechtsgesetzes ist ohne schriftliche Zustimmung des Verlages unzulässig und strafbar. Das gilt insbesondere für Vervielfältigungen, Übersetzungen, Mikroverfilmungen und die Einspeicherung und Verarbeitung in elektronischen Systemen.

Haftungsausschluss: Die Benutzung dieses Buches und die Umsetzung der darin enthaltenen Informationen erfolgt ausdrücklich auf eigenes Risiko. Der Verlag und auch der Autor können für etwaige Unfälle und Schäden jeder Art, die sich bei der Umsetzung von im Buch beschriebenen Vorgehensweisen ergeben, aus keinem Rechtsgrund eine Haftung übernehmen. Rechts- und Schadenersatzansprüche sind ausgeschlossen. Das Werk inklusive aller Inhalte wurde unter größter Sorgfalt erarbeitet. Dennoch können Druckfehler und Falschinformationen nicht vollständig ausgeschlossen werden. Der Verlag und auch der Autor übernehmen keine Haftung für die Aktualität, Richtigkeit und Vollständigkeit der Inhalte des Buches, ebenso nicht für Druckfehler. Es kann keine juristische Verantwortung sowie Haftung in irgendeiner Form für fehlerhafte Angaben und daraus entstandenen Folgen vom Verlag bzw. Autor übernommen werden. Für die Inhalte von den in diesem Buch abgedruckten Internetseiten sind ausschließlich die Betreiber der jeweiligen Internetseiten verantwortlich.

Inhaltsverzeichnis

Einleitung — 10

1 Zum Gebrauch des Buchs — 12
Spiele — 13
Fördern Sie Ihren Hund — 15
Kognitive (geistige) Entwicklung — 16
Körperliche Fähigkeiten — 18
Fähigkeiten des alltäglichen Lebens — 18
Sportliche Fähigkeiten — 19

2 Trainingstechniken — 20
Die optimale Lernumgebung — 20
Welche Lektion ist heute dran? — 22
Mikro-Formen oder Formen durch Versuch und Irrtum — 23
Futterlocken — 24
Freies Formen — 24
Targettraining — 24
Locken, Formen oder Targettraining? — 25
Einführen von Signalen — 25
Altes Signal/Neues Signal — 26
Stimulus/Reaktion auf das neue Signal — 26
»Nicht ohne mein Signal« — 27
Belohnungsschemata — 28
Was ist eine Belohnung? — 28
Belohnung für Ergebnisse oder Aktionen? — 30
Gleiche Sprache, anderes Markersignal — 31

3 Spiele mit Gegenständen — 33
Was sind Targets? — 34
Targetstäbe — 35
Freies Formen der Objekt-Verknüpfungen — 35
Belohnung für Aktion — 36
Die Belohnungs-Uhr — 37

Spiel 3.1 Target: Lernanfänger — 39
Spiel 3.2 Target: Nasen-Touch an Ball — 40
Spiel 3.3 Traget: Pfoten-Touch an einer Scheibe — 41
Spiel 3.4 Target: Pfoten auf die Matte — 44
Spiel 3.5 Target: Stab — 46
Spiel 3.6 Target: Stoffbeutel halten — 49

Spiel 3.7 Target: Kegel/Stangen	51
Spiel 3.8 Target: Augen	54
Spiel 3.9 Target: Kinn	55
Spiel 3.10 Target: Buch	56
Spiel 3.11 Target: Gehe von Punkt A nach Punkt B	57
Spiel 3.12 Target: Kombinationen	59
4 Bewegungsspiele	**61**
Arten von Fitness und Bewegung	62
Trainingsprogramme	63
Bewegungen trainieren	65
Bewegungen entwickeln sich ständig weiter	67
Lehren Sie »versammelte« Bewegungen	68
Übungsprogramme	69
Spiel 4.1 Dehnungen	71
Spiel 4.2 Alltägliche Übung: Sitz aus dem Stand	74
Spiel 4.3 Alltägliche Übung: Platz aus dem Stand	76
Spiel 4.4 Alltägliche Übung: Sitz-Männchen	78
Spiel 4.5 Alltägliche Übung: Platz Sitz	81
Spiel 4.6 Alltägliche Übung: Entspanntes Platz	82
Spiel 4.7 Alltägliche Übung: Kreisen	84
Spiel 4.8 Alltägliche Übung: Verbeugung	86
Spiel 4.9 Alltägliche Übung: Rolle	88
Spiel 4.10 Flexigility: Balance	90
Spiel 4.11 Flexigility: Oberflächen	92
Spiel 4.12 Flexigility: Cavaletti	95
Spiel 4.13 Flexigility: Folgen	98
Spiel 4.14 Flexigility: Rückwärts	100
Spiel 4.15 Flexigility: Seitwärts gehen	103
Spiel 4.16 Flexigility: Lämmersprung	106
Spiel 4.17 Sport-Übung: Zergeln	109
5 Futterspiele	**111**
Würstchen oder Käsebällchen	112
Fertigkeiten	112
Spiel 5.1 Wo ist die Maus?	114
Spiel 5.2 Renn ... Schnell!	116
Spiel 5.3 Distanzarbeit	118
Spiel 5.4 Hier entlang	121
6 Spiele, die Hunde spielen	**123**
Beweg nur Dein ...	123
Walzer, Salsa, ChaChaCha?	125

Spiel 6.1 Freie Bewegungen: Marschieren	126
Spiel 6.2 Freie Bewegungen: Kopf	127
Spiel 6.3 Freie Bewegungen: Gesicht	129
Spiel 6.4 Freie Bewegungen: Entspannung	131

7 Spiele zur Selbstkontrolle	**133**
Spiele brauchen Regeln	133
Selbstkontrolle ist wie ein Muskel	134
Jagen, hetzen, töten, zerreißen	134
Belohnungen	134
Der Clicker	135
Bestrafung	135
Erregungsniveau	136
Sich abregen lernen	137
Warum spielen?	138
Beängstigende Instinkte wecken	139
Spielzeuge	139
Handfertigkeiten	140

Spiel 7.1 Selbstkontrolle: Keks oder ich?	140
Spiel 7.2 Selbstkontrolle: Gib und nimm	143
Spiel 7.3 Taktik: Erregung aufbauen	145
Spiel 7.4 Selbstkontrolle: Halten und Tragen	146
Spiel 7.5 Selbstkontrolle: Zergeln	147
Spiel 7.6 Selbstkontrolle: Auf Signal ...	149
Spiel 7.7 Selbstkontrolle: Hals über Kopf	151

8 Problemlösungsspiele	**153**
Lassen Sie den Schüler den Lehrer unterrichten	154
Signale für Problemlösungen	154
Probleme lösen	156
Lernfähigkeit	158
Anzeigen	158
Sorgen Sie für fehlerfreies Lernen	159

Spiel 8.1 Das ist ein ...?	159
Spiel 8.2 Wo bist du?	160
Spiel 8.3 Welches ist es?	162
Spiel 8.4 Welches passt nicht dazu?	165
Spiel 8.5 Welches ist das Größte?	167
Spiel 8.6 Zeig mir etwas Neues	169

Glossar	**171**

Einleitung

Die »Lernspiele für Hunde« sind eine Sammlung von interaktiven Trainingslektionen, die viele verschiedene Aspekte des Lehrens und Lernens zusammenführen.

In den letzten sieben Jahren bin ich um die Welt gereist und habe dabei Hunderte von Clicker-Trainern mit ihren Hunden getroffen. Diese »neue Generation« von Trainern formt Hunde mit absolut erstaunlichen Fähigkeiten und enormer Lernbereitschaft. Sie übertrifft die Erwartungen der ersten Clicker-Trainer bei Weitem und beginnt, über die etablierten Methoden hinauszuwachsen.

Was ist das Besondere an diesen Trainern? Wie bringen sie es zu diesen enormen Fähigkeiten? Die Trainingsmethoden verbessern sich immer weiter, und – was noch wichtiger ist – die neue Art des Lernens nimmt den Schülern den Stress.

Sie behalten mehrere Jahre lang, was sie einmal gelernt haben. Sie entwickeln einfache Übungen zu erstaunlich komplexen Bewegungen weiter. Sie haben ein Repertoire von mehr als hundert Verhalten, die sie auf Signal hin zeigen können. Dabei handelt es sich in der Mehrheit um Durchschnittshunde, die in Durchschnittshaushalten mit hundefreundlichem Lebensstil leben. Nicht bei professionellen Hundetrainern, sondern bei Menschen, denen sehr viel an ihren Hunden liegt, die Spaß am interaktiven Lernen haben und die es als große Befriedigung empfinden, ihren Hunden etwas Neues beizubringen. Unsere Kommunikation mit den Hunden hat sich zu einer feinen Sprache entwickelt, die unserer Begeisterung für das Lernen und das gegenseitige Verstehen enormen Auftrieb verliehen hat.

Jetzt können wir uns anschauen, wie diese Hunde zu solchen Super-Schülern geworden sind. Ein Lernplan mit einer speziellen Zusammenstellung von Übungen kann unsere Junghunde fördern oder in irgendeiner Form geschädigte Hunde wieder aufbauen.

Oft lassen wir uns in unserem Vorgehen beim Training von unserer Vorstellung des Endverhaltens leiten: Wir möchten, dass der Hund bei Fuß geht, mit der Pfote winkt oder sauber über eine Hürde springt. Bei dieser einseitigen Ausrichtung wird aber ein ganz integraler Bestandteil häufig übersehen: Wir haben es mit einem Lernprozess zu tun, der sich auf die Gehirnentwicklung des Hundes und seine kognitiven Fähigkeiten auswirkt. Bei allen »Bei-Fuß-Übungen« zum Beispiel lernen die Hunde sowohl bestimmte körperliche Bewegungen als auch ein hohes Maß an Bewusstsein darüber, wo sie sich jeweils in Relation zu ihrem Menschen befinden. Das Winken mit der Pfote isoliert eine sehr spezielle Bewegung auf ein einziges Körperteil des Hundes. Diese grundlegenden, allgemeinen Fähigkeiten können bei neuen Verhalten angewendet werden, sodass das Lernen von »bei Fuß gehen« und »winken« bewirkt, dass der Hund auch andere Verhalten leichter lernt.

Lernspiele sollten sowohl Ihnen als auch Ihrem Hund jederzeit Spaß machen. Dabei ist nicht die Art von Spaß gemeint, bei der man fröhlich und ausgelassen auf dem Boden herumkugelt. Vielmehr sollen die Lernspiele Herausforderung sein, um Sie zu beschäftigen und Ihnen genug Anreiz zu bieten, um spannend und reich an Interaktivität zu sein, damit sowohl Lehrer als auch Schüler Spaß daran haben. Spielen ist das Klassenzimmer der Natur. Im Spiel werden lebenswichtige Fähigkeiten erlernt. Es werden Überlebens- und Jagdtechniken entwickelt und die geistigen Fähigkeiten werden erweitert. Es entsteht eine Bindung zwischen den Beteiligten. Ihre Trainingsstunden sollten immer alle diese Elemente enthalten – Sie »spielen« tatsächlich mit Ihrem Hund.

Ich hoffe, dass Sie alle viel Spaß mit dem Buch haben. Sie können nach Plan vorgehen oder einfach einsteigen, wenn Sie zwischendurch Lust auf etwas »Clicker-Zeit« haben. Ich freue mich schon sehr auf die nächste Generation von Super-Lernern ... es wird eine sehr besondere Art von Hunden und Menschen sein!

Kay Laurence

Danke an alle, die zu meinem eigenen Lernprozess beigetragen haben, sei es bewusst oder unbewusst. Ein besonderer Dank geht an das fabelhafte Team Genabacab und die Schüler von »Bark Less, Wagging More«.

1 Zum Gebrauch des Buchs

Zu Kapitel 2: Trainingstechniken

Dieses Kapitel sollten Sie unbedingt lesen, bevor Sie den Clicker zur Hand nehmen. Es beschreibt die Techniken, die Ihnen für die Spiele vertraut sein müssen.

Viele der etablierten Methoden des Clickertrainings stammen aus der Arbeit mit Zootieren oder von Menschen, die ein Interesse daran hatten, das Clickertraining als Wissenschaft voranzubringen. Diese Techniken sind nicht alle notwendigerweise für Hundebesitzer bzw. -trainer geeignet, die ihr Leben und ihre Wohnung mit ihren Hunden teilen.

In unserem Unternehmen »Learning About Dogs« haben wir einige Techniken entwickelt, die einen tiefen Einfluss auf die Fähigkeiten des Schülers nehmen. Sie können sich von dem, was Sie bisher über das Clickertraining gelernt haben, unterscheiden – aber bitte lesen Sie sie durch und probieren sie an ein oder zwei Spielen aus, bevor Sie deren Wert für Ihr persönliches Trainingsprogramm beurteilen.

Mein Plan beginnt immer bei den Hunden und ich benutze den Clicker, um das Potenzial und die Persönlichkeit meiner Hunde zu erkunden. Gleichzeitig verbringen wir damit eine außerordentlich wertvolle Zeit miteinander, und dies wiederum beeinflusst mein Vorgehen in der Auswahl und Ausarbeitung der Trainingstechniken, die stets so hundefreundlich wie möglich sind. In vielen Fällen mag das länger dauern, weil ich die Ausübung von Druck auf den Hund vermeide. Denn Druck verursacht nur unnötige Frustration oder untergräbt das Vertrauen zwischen Lehrer und Schüler.

Auch wenn Sie es kaum erwarten können, endlich loszulegen: Es geht NICHT darum, einem einzelnen Hund alle Aufgaben aus diesem Buch beizubringen.

Sie brauchen keine besonderen Vorkenntnisse, aber die Grundlagen der Clickertrainings sollten Ihnen bekannt sein.

SPIELE

Generell tragen alle Spiele in diesem Buch zur Entwicklung Ihres Hundes bei. Manche sind aber besonders gut dazu geeignet, ganz bestimmte Fähigkeiten zu fördern. Wenn Sie mit einem Spiel beginnen, stellen Sie vielleicht fest, dass Ihr Hund erst noch in einem zusätzlichen Spiel weitere Fähigkeiten entwickeln muss.

Die Spiele sind in keiner fest einzuhaltenden Reihenfolge aufgeführt, sondern nach üblichen Trainingstechniken sortiert, die im ersten Teil des Buchs erklärt werden.

Zu Kapitel 3: Objektspiele
umfasst all die verschiedenen Verhalten, die mit einem Target erarbeitet werden können. Hier wird eine komplexe Sprache aufgebaut, in der viele verschiedene Objekte als Signal verschiedene Körperteile des Hundes ansprechen oder verschiedene Aktionen bewirken.

Zu Kapitel 4: Bewegungsspiele
betrachtet eingehend, wie sich die Fitness fördern lässt – von alltäglichen Bewegungen über spezielle Bewegungen für ältere Hunde und solche zur Förderung von Junghunden bis hin zu ganz zielorientierten Bewegungen für Sporthunde.

Zu Kapitel 5: Es geht um die Wurst –
Futter ist Belohnung, aber auch Beute. Lernspiele mit Futter beleben selbst die langweiligsten Trainingseinheiten.

Zu Kapitel 6: Hier führt der Hund
ist eine Sammlung von Aktionen, die vom Hund selbst ausgehen. Die Ideen kommen von den Hunden. Sie zeigen, was sie gerne tun und verschaffen uns so Zugang zu coolen Verhalten, von denen Nicht-Clicker-Leute immer sehr beeindruckt sind.

Zu Kapitel 7: Spiele zur Selbstkontrolle
machen das Erwachsenwerden zum Vergnügen. Selbstkontrolle braucht regelmäßige und spezielle Übung. Diese Spiele machen das Lernen leichter und die investierte Zeit zahlt sich wirklich aus.

Zu Kapitel 8: Problemlösungsspiele
ist das Kapitel mit dem extra Staunfaktor: Lauter Dinge, von denen Sie nicht wussten, dass Ihr Hund sie lernen kann, geschweige denn so leicht! Dies ist vermutlich das Kapitel, das Sie am ehesten vom Stuhl haut, aber auch zum Nachdenken anregen wird.

Zu jedem Spiel wird aufgeführt: **Beschreibung** des Lernprozesses und der Lernziele

Empfohlene **Schwierigkeitsstufe:**

⭐ Stufe 1:
Anfänger im Hundetraining

⭐⭐ Stufe 2:
Erste Trainingserfahrungen und -kenntnisse erforderlich

⭐⭐⭐ Stufe 3:
Präzises Formen, gutes Beobachten und genaues Timing müssen beherrscht werden. Der Hund muss schon Erfahrungen mit dem freien Formen und die Fähigkeit zur Problemlösung haben.

Übung für: z.B. Welpen, alte Hunde, Mobilität, Balance, Rückenmuskulatur etc.

Benötigte Vorkenntnisse, die Sie oder Ihr Hund brauchen.

Sie benötigen: Gegenstände, die zusätzlich zu der optimalen Lernumgebung, Clicker und Leckerchen benötigt werden.

Trainingsschritte: führt Sie Schritt für Schritt durch die Kriterien, die zum Erreichen des Endverhaltens führen.

Sie clicken: Dies kann sich mit den Kriterien ändern. Vergewissern Sie sich, dass Sie genau verstehen, was Sie verstärken möchten, bevor Sie es zu clicken versuchen.

Ort der Belohnung: Dieser kann sich ebenfalls mit dem Trainingsfortschritt ändern und ist ausschlaggebend darin, die optimale Lernumgebung zu schaffen. Mit was Sie wo, wie und wann belohnen ist ebenso wichtig wie das Verhalten, das Sie anclicken.

Zu jedem Spiel werden auf einer zweiten Seite zusätzliche Variationen vorgestellt, die daraus entwickelt werden können. Viele Spiele sind Grundlagenverhalten für komplexere Verhalten.

Am Ende des Buchs finden Sie:
Ein **Glossar** mit all den Begriffen aus dem typischen Fachjargon der Clickertrainer. Oft prägen wir in unserem eigenen Gebrauch Begriffe, die dann zum Fachjargon der Zukunft werden.

Fördern Sie Ihren Hund

Die meisten Hunde entwickeln sich in einer an Eindrücken reichen und hundefreundlichen Umgebung zu gesunden, aktiven Individuen. Unser heutiger Lebensstil wird aber eher immer hundeunfreundlicher. Oft halten wir nur einen einzelnen Hund. Hunde haben oft nur eingeschränkt Gelegenheit, normales Hundeverhalten zu zeigen und wir sind zunehmendem Druck der Gesellschaft und Öffentlichkeit ausgesetzt, das Wohlbefinden unseres Hundes durch unnatürliche Einschränkungen negativ zu beeinflussen. Hunde können nicht mehr durch Jagen, Beschützen, Bewachen, lautes Spiel oder Raufen lernen, was sich negativ auf ihre geistige und körperliche Entwicklung auswirken kann.

Ob Sie die richtige Balance für Ihren Hund finden, hängt davon ab, wie gut Sie seine individuellen Bedürfnisse einschätzen können. Der durch unseren Lebenswandel verursachte Stress ist zwar ein Faktor, den wir nur eingeschränkt verändern können, aber indem wir die kognitiven Fähigkeiten unserer Hunde fördern und sie dazu befähigen, sich durch verschiedene Lösungsmöglichkeiten hindurchzuarbeiten, können wir Hunde großziehen, die generell besser an ein Leben im städtischen Umfeld angepasst sind.

Es spricht nichts dagegen, dass ein gesunder Hund auch einen geschäftigen, von städtischem Umfeld geprägten Lebensalltag durch und durch genießen kann. Ein regelmäßiger Ablauf von eher inaktiven Wochentagen im Wechsel mit sehr aktiv verbrachten Wochenenden schafft einen guten Ausgleich. Selbst Border Collies auf Schaffarmen arbeiten nur zu bestimmten Jahreszeiten hart und viele von ihnen lernen, einfach auf dem Hof »herumzuhängen«, sich selbst zu unterhalten und auf Aktivitäten der Menschen zu warten. Meine eigenen Hunde können weitestgehend selbst entscheiden, wie sie ihren Tag verbringen. Die Junghunde spielen am frühen Morgen und Abend, fressen relativ spät am Tag und schlafen zwischendurch sehr viel. Die Abende werden oft gemütlich drinnen im Warmen vor dem Fernseher verbracht. Der Zugang zu mir variiert, genau wie das Training oder Spaziergänge mit mir in die Hügel. Unser Programm ist nicht jeden Tag das gleiche und ändert sich oft mit dem Wetter (ich bin ein Schönwetter-Spaziergeher).

Ich glaube, dass meine Hunde zufrieden sind. Sie leben als Gruppe, im Schnitt sind es sieben Hunde zweier Rassen – Gordon Setter und Border Collies. Der Altersunterschied beträgt derzeit bis zu zwölf Jahren und keiner hat besondere Ängste vor den jeweils anderen. Sie ruhen zusammen, ziehen sich gegenseitig auf, halten beim Fressen Abstand voneinander, beeilen sich, an der Tür immer vorn zu sein und sind enttäuscht, wenn sie zurückgelassen werden. Gerade in diesem Moment arbeite ich oben am Computer und kann sehen, wie sie unten vor der Haustür liegen und durch die Glasscheibe zusehen, wie die Wolken von Gloucestershire vorüberziehen. Mabel, die unangefochtene Queen, liegt hinter meinem Stuhl, mit dem ich ihr jederzeit über den Schwanz zu rollen drohe. Sie findet die Aufregung der Jungspunde zu aufreibend für ihr Alter und besteht auf ihr Schläfchen am Morgen.

Weitere Faktoren, wie eine gesunde Fütterung und ein guter Lebensstil, führen dazu, dass Tierarztbesuche bei uns selten sind.

Mit unserem geschäftigen Alltag können wir aber nicht immer so viel Zeit mit den Hunden verbringen, wie wir es gerne tun würden. Umso wichtiger wird es, dass die Zeit, die wir zusammen haben, sowohl für uns als auch für die Hunde qualitativ hochwertig ist. Ein Spaziergang mag zwar zu unserem körperlichen Wohlbefinden beitragen, aber unsere Beziehung zueinander fördert er häufig nicht. Die Hunde sind sehr oft mit ihren eigenen Angelegenheiten beschäftigt, genau wie wir selbst auch, und es ist nicht immer selbstverständlich, dass man die gleichen Vergnügungen teilt. Ich mag mich zwar für Wildtiere interessieren, aber nicht dafür, die Duftnote des heimischen Dachses an mir zu tragen – entsprechend haben die Hunde wenig Interesse daran, welche Bäume gerade blühen, abgestorben oder umgefallen sind.

Die Zeit, in der ich persönlich wirklich Verbindung zu meinen Hunden als Individuum aufnehme, ist, wenn ich sie bürste oder mit ihnen trainiere, und natürlich bei Besuchen auf dem Sofa oder Begegnungen auf der Treppe. Die Anforderungen, mit denen meine Hunde umgehen müssen, sind die Entwicklung als Individuum und eine persönliche Beziehung zu mir.

Für jeden Hund bin ich bestrebt, eine gutes Gleichgewicht zwischen körperlicher und geistiger Weiterentwicklung zu schaffen – damit sie zu gesunden erwachsenen Hunden werden, aber auch in meinem eigenen Interesse.

Kognitive (geistige) Entwicklung

Die geistigen Fähigkeiten Ihres Hundes, die Schnelligkeit seines Denkens und das Denken mit beiden Gehirnhälften entwickeln sich über Lernprozesse. Welpengehirne sind so aufgebaut, dass sie bestimmte Fähigkeiten zu bestimmten Zeitabschnitten lernen. Je mehr Speicherplatz das Lernen im Gehirn braucht und je mehr Querverbindungen in Anspruch genommen werden, desto mehr neue Nervenbahnen verknüpfen sich miteinander und die Gehirnbereiche untereinander. Solange weiter Lernanreize bestehen, entwickelt sich auch das Gehirn immer weiter. Lernen ist nicht etwa auf die Jugend beschränkt, sondern wird ein Leben lang benötigt. Es ist wie ein Muskel, der regelmäßig bewegt, gestärkt und gebraucht werden muss.

Mit regelmäßigen Lerneinheiten können wir eine hervorragende geistige Weiterentwicklung sicherstellen und eine für beide Seiten gleichermaßen vergnügliche Zeit schaffen. Das Lernen beschränkt sich auch nicht nur auf die Hunde – vielmehr werden wir von ihnen mindestens genauso viel lernen, wie wir ihnen beizubringen glauben!

Die Hunde entwickeln:

Ein Bewusstsein für den Click und dessen Ausbleiben. Das Bewusstsein, dass sie das Ergebnis und unsere Reaktionen kontrollieren.

Die Fähigkeit zur Selbstanalyse: Was ist passiert, das den Click verursacht hat und wie kann ich das wiederholen? Dies bedeutet auch eine Stärkung des Gedächtnisses. War etwas, das der Hund getan hat, Auslöser für den Click oder die Tatsache, wo er sich befand? Das fördert laterales Denken.

Mentale Ausdauer darin, Lösungen zu finden, es weiter zu versuchen und über längere Zeit arbeiten zu können.

Konzentration auch bei Ablenkungen und die Zuordnung von Informationen aus früheren Erfahrungen. Die Hunde lernen, sich zu konzentrieren und ablenkende Reize zu ignorieren.

Problemlösungsfähigkeiten, die auf echte Lebenssituationen übertragen werden können. Leider sind sie gleichzeitig auch ein Maßstab für das Selbstbewusstsein: Ausbleibender Erfolg ist für den Hund nicht mehr entmutigend, sondern lediglich eine Information, die ihn zu noch mehr Leistung anspornt.

Kreativität und die Fähigkeit, uns zu unterhalten und uns Verhalten anzubieten, die wir dann vielleicht bestärken. Kreative Hunde waren früher auch als freche Hunde bekannt.

Erinnerungsvermögen daran, was funktioniert und was nicht. Sich die Signale für über hundert verschiedene Verhalten, Situationen, Abläufe und Freunde merken können.

Konzepte und komplexes Denken: Problemlösung auf hohem Niveau bringt auch viele andere Fähigkeiten zusammen. Selbstvertrauen zum Entdecken und Vorschlagen von Lösungen. Gelegenheiten zur Analyse und Wiederholung.

Anpassungsfähigkeit durch viele verschiedene Lernerfahrungen hindurch, die geistige Beweglichkeit erfordern. Hierdurch wird auch die Fähigkeit zum Umgang mit Stress gefördert.

Selbstvertrauen durch Lernerfolg aufgrund Erfahrung. Ein selbstsicherer (normaler) Hund hat keine Angst vor Versagen und strebt weiterhin nach Erfolg. Umgekehrt fördert der Vorgang des Strebens nach Erfolg auch das Selbstvertrauen beim Schüler.

Vor allem aber behalten die Hunde Lust am Lernen, einen neugierigen Geist, der neue Situationen genießt und niemals zögert, wenn sich Gelegenheiten bieten. (Hmmm ... dieses Dachsparfum habe ich vorher noch nie getragen!)

Körperliche Fähigkeiten

Körperliche Fähigkeiten können unterteilt werden in: **Lebenswichtige Fähigkeiten** des täglichen Lebens, der Kommunikation und des Wohlbefindens.

Besondere sportliche Fähigkeiten (Agility, Dogdancing, Fährtenarbeit, Obedience usw.), um fit und verletzungsfrei zu bleiben.

Fähigkeiten des alltäglichen Lebens

Gleichgewichtsschulung, um beispielsweise Menschen begrüßen zu können, ohne sie umzuwerfen, um im Stehen mit einer Pfote winken oder ein Bein anheben zu können.

Bewegungen, um mit Leichtigkeit und als Reflexhandlung sitzen, sich hinlegen oder eine Rolle machen oder um sich kratzen zu können. Lernen, sich zu entspannen, in einem Hundebett zusammenzurollen, sich beruhigen und beherrschen zu können. Sich nach dem Fressen auf den Rücken drehen oder nach dem Aufwachen strecken.

Vertrautheit mit vielen verschiedenen Umweltsituationen. Neue Untergründe, richtig reagieren, Gleichgewicht finden, im Auto mitfahren, entspannen, über Brücken und Stege gehen und technischen Gerätschaften begegnen.

Springen nach oben und unten, z.B. auf Pflegetische, Treppen, Stufen, Sofas und Betten.

Spielen wie zum Beispiel Raufen, Apportieren, Springen, Fangen, Jagen, Graben, Vergraben.

Kommunikation: Die Körpersprache der Hunde über den Einsatz von Balance, Gewichtsverlagerung, Entspannung oder Rutenbewegung beherrschen. Feinheiten der Körperhaltung, der Gesichtsmimik, Vertrauensaufbau, Spannungsabbau. Ausbalancieren, um mit der richtigen Positur das Bein heben zu können.

Sportliche Fähigkeiten

Beschleunigung beim Laufen oder Springen, mit Anlauf oder aus dem Stand.

Schwungveränderungen, die Energie entweder sammeln oder stoßartig freisetzen. Balance in Wendungen, Schnelligkeit und räumliches Bewusstsein, wann man aus der Kurve herauskommt und wie man den Kurvenradius verkleinert.

Gelenke strecken und beugen können, sie geschmeidig und verletzungsfrei halten.

Muskelkraft für Ausdauer, feinere Bewegungskontrolle.

Körperliche Ausdauer: Gute Blutversorgung des arbeitenden Körpers.

Ruhen: Sich nach Anstrengungen erholen und sich vor Aktivitäten aufwärmen.

2 Trainingstechniken

Lernen ist eine Drei-Wege-Interaktion:

Wenn das Lernen nur langsam vonstatten geht oder zu komplex wird, um es noch zu bewältigen, müssen alle drei Elemente untersucht werden, um eine Verbesserung zu erreichen. Meiner Erfahrung nach ist es aber sehr selten der Schüler, der verbesserungsbedürftig ist, sondern fast immer sind es der Lehrer oder das Programm, die geändert werden müssen.

Im ganzen Buch werde ich ausführlich beschreiben, wie man Fortschritte erzielen kann, um das Ziel des Spiels zu erreichen. Den gleichen detaillierten Entwicklungsprozess müssen wir auch auf unsere eigenen Fähigkeiten anwenden und sicherstellen, dass unser Part der Lerninteraktion so gut wie nur irgend möglich ist.

Die optimale Lernumgebung

Sie brauchen den jeweils idealen Ort, um Ihrem Hund ein bestimmtes Spiel beizubringen. Das kann Ihre Küche sein, Ihr Garten oder ein spezieller Trainingsplatz.

Überprüfen Sie die folgenden Punkte:
- Der Untergrund gibt dem Hund Vertrauen und hingeworfenes Futter ist gut sichtbar.
- Es sind nur minimale Ablenkungen durch andere Hunde, Gerüche, Menschen oder Technik (keine Telefone!) vorhanden.
- Der Hund fühlt sich in dieser Umgebung wohl, kann sich hinlegen und nach Trainingsende schnell entspannen.
- Auch Sie fühlen sich hier wohl, haben einen bequemen Sitzplatz, einen Ort zum Schreiben von Notizen und Ablegen Ihres aufgeschlagenen Trainingsbuchs zum Nachlesen.
- Alle Hilfsmittel und Geräte, die Sie benötigen, sind schnell griffbereit.
- Die Tageszeit kann variiert werden, sollte aber vom Biorhythmus her zu Ihnen und Ihrem Hund passen.
- Das »Bitte nicht stören«-Schild hängt an der Tür.

Wenn Sie irgendwann in der Vergangenheit einmal schlechte Erfahrungen mit dem Lernen gemacht haben, lag das höchstwahrscheinlich nicht am Thema, sondern am Lehrer oder an der Methode, die er verwendet hat. Man kann Mathe nicht »hassen«. Wenn man Ihnen Mathe in Ihrem persönlichen Lerntempo mit Begeisterung und Motivation beibringt, können Sie gleichzeitig lernen und Vergnügen empfinden. Nur zu oft wird aber den Schülern das Lernen versauert, weil das Lerntempo sie überfordert und sie deshalb Misserfolge erleiden. Auch ein Hund kann Obedience oder Wiederholungen einer Übung nicht »hassen«. Es liegt in der Verantwortung des Lehrers, immer wieder den Fortschritt zu überprüfen und das Lernprogramm oder die Lehrmethode anzupassen. Sie als Lehrer müssen sich in jeder Phase vergewissern, dass der Hund sich beim Lernen wohlfühlt und ob er auch das lernt, was Sie ihm beizubringen glauben.

Wenn Sie wirklich guten Lehrern zusehen, egal, um welches Thema und um welche Schüler es sich handelt, werden Sie feststellen, dass sie alle bestimmte Fähigkeiten gemeinsam haben. Manche davon sind angeboren, andere werden durch Erfahrung und Übung gelernt:

Die Fähigkeit zum richtigen Timing: Erkennen können, dass die richtige Handlung gleich stattfinden wird und sie mit dem Click markieren. Die Abfolge der Aktionen, die Schnelligkeit, mit der die Belohnung kommt und das Tempo, in dem die Anforderungen gesteigert werden, passen zum Lerntempo des Schülers.

Kommunikation: Gute Lehrer sprechen die Sprache ihrer Schüler in deren Tempo und klar. Sie vergewissern sich regelmäßig, dass sie auch verstanden werden. Sie vermeiden Mutmaßungen über das Vorwissen und bringen das Beste in den Schülern zum Vorschein.

Lernatmosphäre schaffen: Der Lehrer stellt sicher, dass der Schüler neugierig und motiviert ist, leicht und stressfrei lernen kann. Für sehr sensible Schüler: Lernverlauf, der Fehler von vorneherein ausschließt. Für selbstbewusste Schüler: Raum zum Entdecken und Ausloten des richtigen Verhältnisses von Erfolg und Misserfolg.

Fähigkeit zum Planen: Eine genaue Vorstellung davon, wie das Lernen vonstatten gehen könnte und ob das Ergebnis oder der Weg das Ziel ist.

Geduld ist eine gute Trainingsfähigkeit: Denken Sie immer daran, wenn Ihre Geduld arg strapaziert wird. Beobachten zu können, wie Ihr hündischer Super-Schüler Probleme löst, ist ein sehr kostbarer und privilegierter Moment, den Sie genießen sollten.

Verstärker und wechselnde Belohnungen: Belohnungen müssen so geplant sein, dass sie den Lernerfolg unterstützen. Sie müssen abwechslungsreich, anregend und interessant sein.

Genießen Sie den Trainingsprozess: Lernen Sie, in Ihren Übungsstunden Spaß zu haben, das ist wichtig! Hunde sind spaßorientierte Tiere. Sie sind frech, schnodderig, stellen uns auf die Probe, sie sind kreativ und neugierig und bringen uns zum Lachen, ohne uns Witze erzählen zu müssen.

Kreativität: Gestalten Sie die Übungsstunden fantasievoll, mit immer neuen Gegenständen, an neuen Orten oder mit verrückten Signalen.

Organisiertes Training: Machen Sie sich Notizen, was Sie gerade trainieren, welche Fortschritte gemacht wurden und für welche Bereiche noch mehr Zeit gebraucht wird. Beurteilen Sie sich selbst, Ihren Schüler, Ihr Programm und planen Sie stetigen Fortschritt.

Welche Lektion ist heute dran?

Bevor ich mit dem Training beginne, weiß ich ganz genau, was ich in den nächsten paar Minuten erreichen möchte. Der Hund wird binnen Sekunden wissen, was mein Plan ist, und vertraut darauf, dass ich ihm beim Lernen den richtigen Weg weise. Wenn ich die Reizangel zur Hand nehme, weiß er sofort, welche Spiele wir spielen. Wenn ich mich mit Leckerchen belade und eine Matte auf den Boden werfe, reagiert er sofort und begibt sich auf die Matte.

Setze ich mich dem Hund zugewandt auf einen Stuhl und lege einen Gegenstand zwischen uns, weiß er, dass wir frei Formen oder etwas Neues lernen, das noch kein bekanntes Signal hat. Das ist die einzige erwartete Reaktion auf diese Lernumgebung. Sobald ich Blickkontakt herstelle, versucht er herauszubekommen, was ich clicken werde, denn ich habe unbeabsichtigt Blickkontakt als Startsignal gelehrt, während ich versuchte, Leckerchen abzuzählen, Notizen zu machen oder zwischen den einzelnen Sessions Gegenstände auszutauschen. Folglich versuchte der Hund ständig, Verhalten anzubieten, während ich noch nicht bereit war oder keinen Clicker dabei hatte. Also ignorierte ich absichtlich alles, was ich aus den Augenwinkeln sehen konnte, bis ich startklar war. Meine Hunde haben dieses Signal extrem schnell verstanden. Tatsächlich kann ich bummeln, den Stuhl aufstellen, die Gegenstände auswählen, die Leckerchendose bereitstellen, mit dem Clicker herumfummeln, was einige Minuten dauern kann und wenn ich startbereit bin, tauchen die Hunde ins Lernen ein. Sie verfolgen diesen Ablauf und man kann geradezu sehen, wie sich die Spannung aufbaut.

Die meisten Spiele werden mit dieser Anfangsposition des freien Formens beginnen, außer es ist etwas anderes beschrieben.

Überprüfen Sie die folgenden Punkte:
- optimales Lernumfeld
- mindestens hundert kleine Leckerchen griffbereit
- Clicker griffbereit
- alle zu verwendenden Gegenstände

Mikro-Formen oder Formen durch Versuch und Irrtum?

Sie müssen sich entscheiden, welches Ende des »fehlerlosen Lernen«-Spektrums für das Training Ihres Hundes das beste ist. An dem eine Ende haben Sie einen sensiblen Schüler, der während des Lernvorgangs absolut keinen Fehler verträgt. Einhundert Prozent Erfolg bei allem, was er ausprobiert, fördern sein Selbstvertrauen, den Forscherdrang und die Motivation, neue Dinge auszuprobieren. Das ist hervorragend für gehemmte Hunde oder solche mit schlechten Lernerfahrungen.

Am anderen Ende haben wir einen selbstbewussten, schnellen Lerner mit sehr viel Erfahrung. Solche Hunde neigen dazu, loszustürzen und zu »wissen«, was mit dem Gegenstand zu tun ist und werden gern etwas übermütig. Ein gewisser Prozentsatz absichtlich herbeigeführter Fehlversuche kann bei ihnen zu mehr Konzentration führen.

Zu viele Fehler oder zu wenige Clicks sind für jeden Schüler deprimierend, sie hemmen das Experimentieren und die Kreativität. Alle Hunde brauchen während des Lernens eine angemessen hohe Erfolgsrate, die sich von Tag zu Tag und von Übung zu Übung unterscheiden kann.

Sogenanntes Mikro-Formen erlaubt es Ihnen, sehr raffinierte Verhalten mit großer Präzision zu lehren. Aber vielleicht möchten Sie in dieser Lektion, dass Ihr Hund sich merkt, welche Versionen des sich weiterentwickelnden Verhaltens nicht die richtigen sind, damit er diese zukünftig nicht mehr anbietet. Dieses kann besonders nützlich sein, wenn die falschen Verhalten den richtigen zum Verwechseln ähnlich sind. Bei fehlerfreiem Lernen kennt der Hund nur einen Weg, das Verhalten auszuführen. Sollte versehentlich das nicht gewünschte Verhalten auftreten, weiß der Hund nicht, wie er es vermeiden soll. Manchmal müssen Sie einen selbstsicheren Schüler die Erfahrung machen lassen, falsch zu liegen. Für einen Clickerhund ist das einfach nur eine Information ohne jeglichen emotionalen Ballast. Damit wird er in dem korrekten Verhalten sicherer.

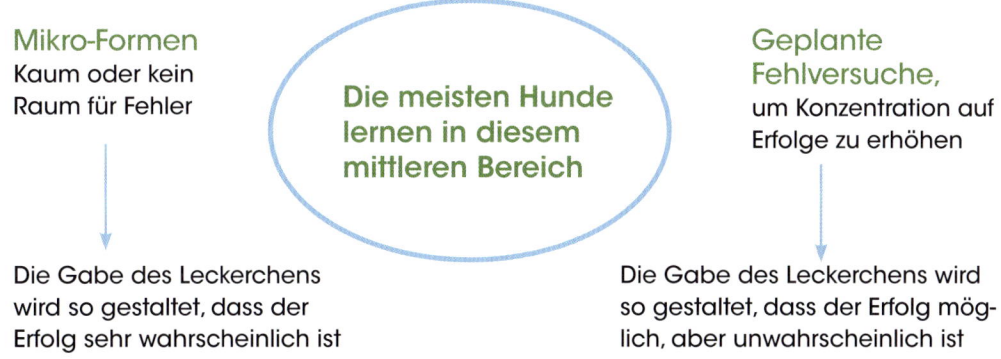

Futterlocken

Das Locken mit Futter hat nicht den besten Ruf. Es aber vollkommen abzulehnen ist so, als ob man es ablehnen würde, ein Verhalten vorzumachen. In vielen Fällen ist es eine völlig legitime Form, dem Hund etwas zu erklären. Es kann ein klares Bild zeichnen, das Ergebnis zeigen, das Timing und die Geschwindigkeit demonstrieren und vorgeben, wie man das Signal gibt oder wo Targets oder Belohnungen platziert werden. Es gibt uns Zeit, zu beobachten, wie das fertige Verhalten aussehen wird. Der Hund hat das Verhalten nicht »gelernt«, er ist nur seiner Nase gefolgt. Wir wissen nicht, ob der Hund abwägt, was er tut oder ob er einfach nur so auf das Stückchen Futter fixiert ist, als sei es das letzte Bröckchen für die kommende Woche.

Ohne das Lockmittel wird das Verhalten wahrscheinlich nicht ausgeführt, mit seiner Hilfe dagegen zeigt der Hund, wie er das Verhalten derzeit ausführen kann. Sie werden vielleicht ein Zögern oder etwas Unsicherheit sehen, die Notwendigkeit für ein spezielles Bewegungstraining erkennen oder feststellen, dass es in bestimmten Schlüsselmomenten noch »hakt«. Das ermöglicht es uns, das Training zu planen und gibt uns ein klares Bild der »Wissenslücken«.

Nach dem Click können Sie das Lockfutter dazu benutzen, den Hund gleich in die optimale Position für die nächste Wiederholung zu bringen. Das verschafft dem Schüler eine Denkpause. Er denkt nicht aktiv darüber nach, dem Futter zu folgen und kann gleichzeitig ein Gefühl für das Verhalten bekommen.

Freies Formen

Bei dieser Art des Trainings gibt der Lehrer nur minimale Anleitung. Die Hunde erforschen die Möglichkeiten und finden ihren Weg. Sie bestimmen ihren Fortschritt selbst. Sie treffen Entscheidungen, die zum Erfolg führen und entwickeln Problemlösungen, an die sie sich leicht erinnern. Was man sich selbst beigebracht hat, kann man immer wieder auffrischen.

Bedenken Sie auch: Wir sind keine Hunde. Wir wissen ja schon nicht, wie es für andere ist, Algebra oder das Gedichteschreiben zu lernen. Wie wollen wir da nur im Entferntesten wissen, wie Hunde lernen? Freies Formen gibt ihnen die Chance, sich die Dinge selbst beizubringen.

Targettraining

Targets (Gegenstände, denen der Hund folgt oder auf die er bestimmte Körperteile positioniert) werden durch Freies Formen gelernt und dienen dann als Grundlage unserer gemeinsamen Sprache mit dem Hund. Ein Target kann bedeuten:

Ein Körperteil des Hundes: Nase, Kinn, linke Vorderpfote, rechte Hinterpfote, der ganze Körper.

Eine Aktion: Stell dich auf diese Matte, folge diesem Target mit deiner Nase, berühre diesen Knopf mit deiner Pfote, halte diesen Gegenstand mit deinem Maul.

Targets sind visuelle Signale, die es uns erlauben, komplexere Verhalten zu erarbeiten. Sie sind die Werkzeuge von Clickertrainern und können, müssen aber nicht Teil des fertigen Verhaltens sein.

Locken, Formen oder Targettraining?

Die Entscheidung, welchen Weg Sie beschreiten werden, hängt vom Schüler und Ihren Fähigkeiten ab. Jedes Set an Spielen wird Ihnen Ideen geben, die das Lernen durch die Verwendung von Locken, Targets oder Formen vereinfachen werden. Stellen Sie sich aber darauf ein, sie immer wieder den Bedürfnissen Ihres Hundes anzupassen.

Einführen von Signalen

In diesem Buch werden wir zum Einführen oder Ändern von Signalen durchgehend die Methode »Neues Signal/Altes Signal« verwenden.

Hunde sind extrem geschickt darin, Routinen zu erlernen und haben die unheimliche Fähigkeit, Dinge vorwegzunehmen. Mit Sicherheit haben Sie eine bestimmte Routine, mit der Sie das Haus verlassen. Sie werden immer bestimmte Tätigkeiten ausführen, vielleicht zögernd, oder vielleicht sehr zielgerichtet. Dieser Stil Ihrer Aktionen ist ein Signal für den Hund. Nimmst Du mich mit oder muss ich zu Hause bleiben? Er wird auf das erste Zeichen lauern, das ihm sagt, dass er mitdarf. Was Sie anziehen, Ihre Schuhe, die Trainingstasche, die Hundeleine und dann die Autoschlüssel. Der Hund kann erkennen, dass bestimmte Schuhe nur dann angezogen werden, wenn Sie mit ihm spazieren gehen. Er wird zur Tür laufen und aufgeregt werden oder anfangen zu bellen, weil er sich auf den Ausflug freut. Hunde können nicht von Geburt an Nobelschuhe von Wanderschuhen unterscheiden. Sie lernen, Ihre Abläufe zu beobachten, welche Signale gute und welche schlechte Nachrichten bedeuten. Die gleiche Technik können wir benutzen, um ein Verhalten mit einem Signal zu verknüpfen.

Vielleicht hat der Hund gelernt, Männchen zu machen, indem er mit seiner Nase das Ende eines Targetstabes berührt. Das ist das alte Signal. Das neue Signal soll das Wort »Männchen« sein. Das neue Signal wird gegeben, Pause, dann wird der Targetstab verwendet, um das Verhalten auszulösen. Dieses wird so lange wiederholt, bis Sie sehen, dass der Hund den Einsatz des Targetstabs vorwegnimmt.

Sobald er beginnt, auf das neue Signal zu reagieren, kann das alte Signal dazu verwendet werden, die richtige Idee zu bestärken, wenn er mit dem Verhalten angefangen hat. Und dann kann es weggelassen werden.

Altes Signal/Neues Signal

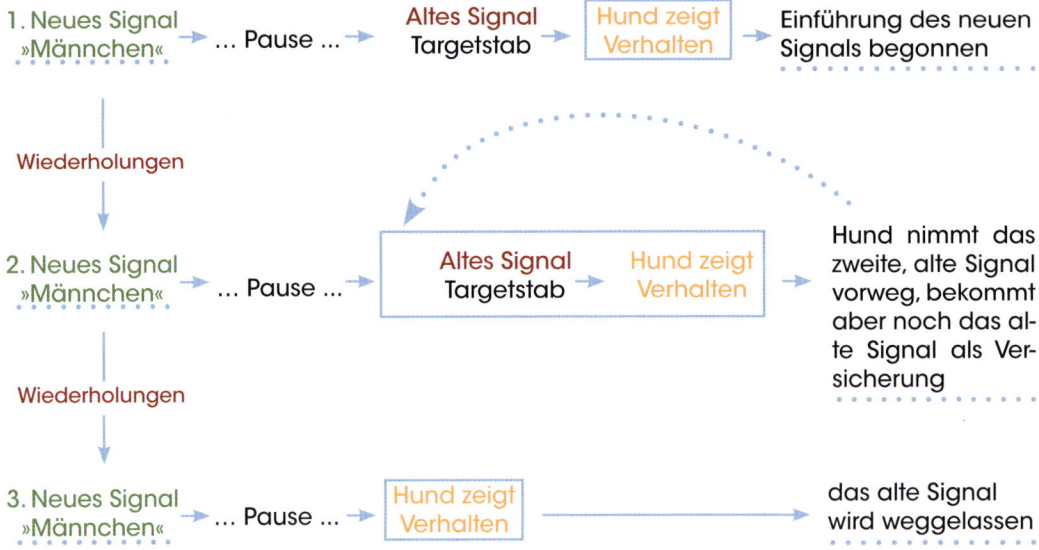

Ihr Hund wird mit wachsender Erfahrung geübter darin werden, neue Signale auf Verhalten zu übertragen. Die Zahl der Wiederholungen in jeder Stufe hängt vom Hund, der Klarheit Ihrer Signale und der Routine ab. Sie müssen lernen, die Anzeichen dafür zu erkennen, dass Ihr Hund das zweite, alte Signal vorwegnimmt. Geben Sie ihm die Gelegenheit, Ihnen zu zeigen, was er denkt. Es gibt nichts Schlimmeres, als wenn jemand Sie fragt »Wie war nochmal der Name der Straße, an der Ihre Schule stand?«. Und bevor Sie Zeit hatten, darüber nachzudenken, platzt dieser jemand schon mit der Antwort heraus. Geduld ist eine Trainingsfähigkeit … Lassen Sie den Hund lernen.

Unerfahrene Hunde brauchen vielleicht zehn bis zwanzig Wiederholungen von Stufe eins und zwei, erfahrenere Hunde drei bis fünf. Stufe drei wird regelmäßig viele Male geübt, damit die Verknüpfung frisch bleibt und sich der Hund leicht daran erinnern kann.

Stimulus / Reaktion auf das neue Signal

Oft werden die Verhalten, die wir erreichen möchten, von der Reaktion des Hundes auf einen Stimulus (Reiz) ausgelöst. Zum Beispiel könnte der Hund auf eine plötzliche Bewegung eines Objektes am Ende eines Stabes reagieren. Wir werfen einen Gegenstand, rennen hinterher und der Hund wird mit uns rennen. Der Hund läuft auf uns zu und wir werfen sein Spielzeug oder ein Stückchen Futter hinter ihn. Wenn wir die Hand zum Werfen heben, wird der Hund stoppen, weil er den Wurf des Spielzeugs oder des Leckerchens erwartet – er wird in Position bleiben oder sich rückwärts bewegen.

Verhalten, die durch unser Verhalten oder eine bestimmte Situation ausgelöst werden, sind oft instinktive Verhalten. Diese können genauso mit neuen Signalen verknüpft werden wie zuvor beschrieben.

Seit Hunderten von Jahren haben Hütehunde auf exakt diese Weise gelernt, nach links oder nach rechts zu laufen, zu stoppen oder vorwärts zu gehen und von den Schafen wegzukommen. Der Hund steht mit Blick auf die Schafherde. Der Trainer setzt die Schafe vorsichtig in eine Richtung in Bewegung und der Collie wird instinktiv versuchen, diese Bewegung zu verhindern, indem er sich nach rechts oder links bewegt. Der Trainer wird dann das Pfeifensignal (das neue Signal) für rechts oder links geben, bevor er selber die Schafe in die richtige Richtung in Bewegung setzt (altes Signal).

»Nicht ohne mein Signal«

Dieses Schlüsselelement des Trainings, auch »Signalkontrolle« genannt wird verhindern, dass der Hund sein gesamtes Repertoire möglicher Verhalten abspult, wenn er ein Signal hört.

Bevor Sie ein neues Signal einführen, entscheiden Sie, was der Hund machen soll, wenn

1. er nicht weiß, was dieses Signal bedeutet
2. Sie kein Signal gegeben haben

Dieses Verhalten nennt man auch »Default«-Verhalten – man könnte es auch »Lückenverhalten« nennen. Für meine Freestyle-Hunde ist das Default-Verhalten zum Beispiel, vor mir zu stehen. Wenn sie an der Leine laufen, dann ist es neben mir gehen mit gelegentlichem Blickkontakt. Beim Arbeiten an Schafen sollen sie die Position halten. Die jeweilige Situation bestimmt das Default-Verhalten.

Denken Sie daran, dass das Halten von Clicker und Leckerchen oder eine Handbewegung in Richtung Ihrer Leckerchentasche ebenfalls Signale sind. Clicken und bestärken Sie in all diesen Situationen für die Ausführung des Default-Verhaltens. Es wird kein Signal gegeben, nur die Situation löst das Verhalten aus.

So lernt der Hund, auf eine klare Beschreibung der Verhalten zu vertrauen, die Sie von ihm erwarten.

Wenn Sie das neue Signal einführen, beginnen Sie das Default-Verhalten in den Ablauf einzufügen, nachdem Sie einige Male Stufe drei (siehe S.26) wiederholt haben und wechseln in unvorhersehbarer Reihenfolge zwischen »Signal«, »kein Signal« und »Blabla« (ein Signal, das der Hund unmöglich verstehen kann) hin und her.

Als Blabla-Signal sagen Sie ein Wort, das sich in Tonlage und Sprachmelodie stark vom neuen Signal unterscheidet. Wenn das neue Signal »Dreh dich« ist, nehmen Sie zum Beispiel »Zuckerkuchen«, »Käsetoast« oder ähnliches und wählen dann immer ähnlicher klingende Wörter, wie »Meerrettich« und »Küchentisch« etc.

Belohnungsschemata

Welche Belohnung Sie verwenden und wie und wo Sie diese geben, hat einen größeren Einfluss auf das Lernen als der Clicker. (Ich höre Sie nach Luft schnappen.)

Sehen Sie sich den kompletten Zyklus eines Verhaltens an:

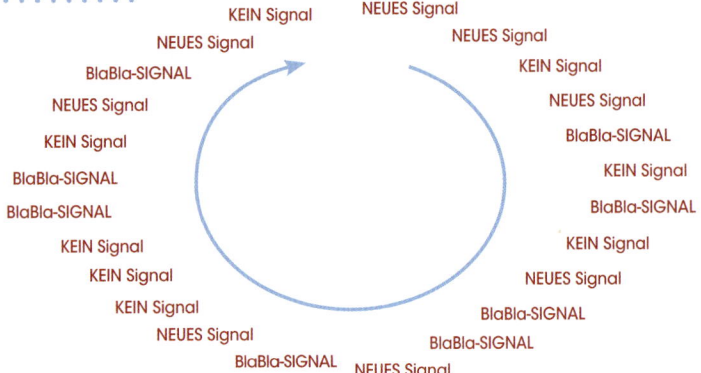

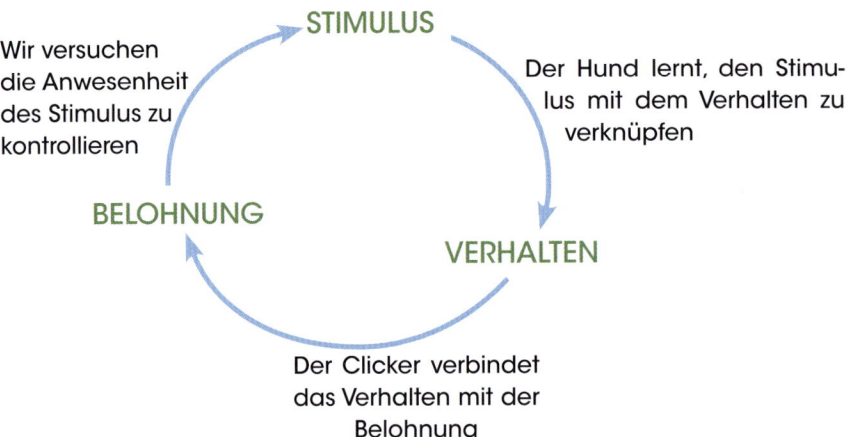

Was ist eine Belohnung?

Es gibt die verschiedensten Belohnungen. Was der Hund als belohnend empfindet, können Sie nur daran erkennen, wie sich das Verhalten verändert. Wenn es belohnend wirkt, wird es erhalten oder stärker, wenn nicht wird das Verhalten schwächer oder gelöscht. Sie müssen jeweils drei Elemente analysieren: Was, Wie und Wo. »Wann« steht beim Lernen neuer Verhalten fest: jedes Mal und sofort. Die variable Bestärkung (wann) wird später eingesetzt, wenn das Verhalten gut eingeführt ist und hängt von der Erfahrung des Hundes, von der Anzahl der Verhalten in einer Kette etc. ab.

WAS Sie als Belohnung einsetzen
Futter, Spielzeug, Körperkontakt, Aufmerksamkeit, Blickkontakt oder Nähe? Entscheiden Sie, welchen Wert die Belohnung haben muss und was emotional angemessen ist, sprich: Wollen Sie Spannung oder lieber Ruhe aufbauen?

WIE Sie die Belohnung geben

Die Art der Belohnungsgabe soll das Lernen unterstützen. Wenn Sie eine Aktion trainieren, sollte die Aktion der Belohnungsgabe zum nachfolgenden Verhalten passen. Schnelle Bewegungen Ihrer Hände und Ihres Körpers werden den Hund stimulieren. Ruhige, vorhersehbare Bewegungen werden Ruhe und entspannte Konzentration fördern. Wenn der Hund zu langsam ist und seine Motivation erhöht werden soll, greift man zur gegensätzlichen Strategie, ebenso, wenn man das Erregungsniveau senken möchte, weil der Hund zu schnell ist.

Die Dauer der Belohnung muss auf die Dauer des Verhaltens abgestimmt werden:

Die »Energie« der Belohnung muss auf das Verhalten abgestimmt werden:

WO Sie die Belohnung geben

Wenn Sie Ihren Hund lehren, ruhig und entspannt an einem Ort zu bleiben, dann muss die Belohnung so gegeben werden, dass sie das Verhalten unterstützt. Um beispielsweise zu lernen, wie man das »Männchen« ausbalanciert hält, sollten Sie dem Hund die Belohnung direkt in der Haltung geben, oder, wenn die Balance noch nicht so lange gehalten werden kann, in der Sitzposition.

Wenn Sie eine Bewegung lehren, zum Beispiel das Rückwärtsgehen, geben Sie das Leckerchen so, dass der Hund vorwärts gehen muss, um das Leckerchen abzuholen, damit er als Nächstes wieder rückwärts gehen kann. Wenn der Hund lernen soll, ruhig und still zu bleiben, muss die Belohnung ruhig und ohne Hektik gegeben werden. Dem Hund wird es leichter fallen, das Verhalten zu wiederholen, wenn alle drei Elemente erfolgreich kombiniert werden.

Zum Beispiel: Einen Gegenstand mit der Pfote berühren.

> **Was Sie geben:** kleine Stückchen von durchschnittlich leckerem Futter.
>
> **Wie Sie es geben:** ruhig und mit einer vorhersehbaren Bewegung.
>
> **Wo Sie es geben:** zum Beispiel so, dass der Hund sein Gewicht auf die Pfote legt, die er für diese Übung auf dem Boden lassen soll.

Zum Beispiel: Auf die Matte rennen.

> **Was Sie geben:** große Futterstücke, die auf dem Untergrund gut zu sehen sind.
>
> **Wie Sie es geben:** schnell hintereinander werfen.
>
> **Wo Sie es geben:** weg von der Matte.

Belohnungen für Ergebnisse oder Aktionen?

Ein Verhalten, das keinen festen Start- oder Endpunkt hat, wird benutzt, um eine Aktion zu lehren, in diesem Fall »Im Kreis laufen«. Sobald die Aktionen erreicht, aufpoliert und auf Signal ist, können Start- und Endpunkte eingeführt werden. Ein Target kann verwendet werden, um mit dauerhafter Präsenz zu signalisieren, dass die Aktion ständig wiederholt werden soll. Oder es signalisiert den Endpunkt eines Richtungs- oder Platzierungsverhaltens.

Im Kreis laufen:
Viele individuelle Verhalten, die die Aktion »im Kreis laufen« lehren.

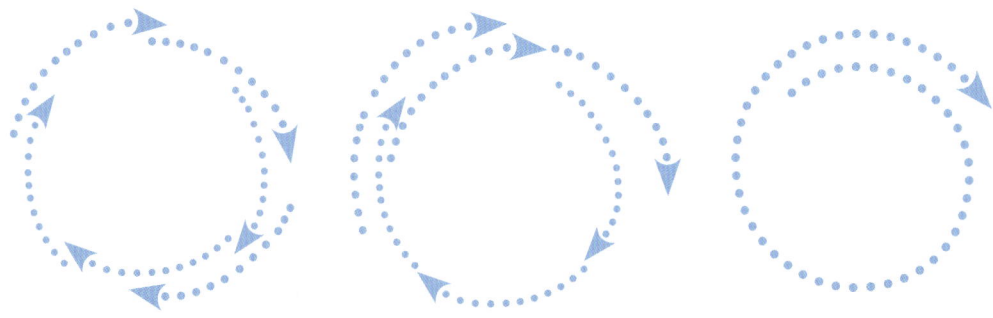

Vorausschicken:
Ein Verhalten, nämlich das Ergebnis (Berühren des Targets), wird generalisiert.

Ein Ergebnis kann verwendet werden, um eine Aktion (in diesem Fall »Vorausschicken«) zu lehren. Wenn man zum Lehren eines Verhaltens ein Target (in diesem Fall eine Matte) als Ziel verwendet, um das Verhalten auszulösen, muss man irgendwann während des Trainingsprozesses den Target ausschleichen, ohne dass das Verhalten verschwindet.

In der Übergangsphase zum endgültigen Signal clickt man, bevor das Ziel erreicht ist. Im Beispiel des Verhaltens »Vorauslaufen« löst das »Voraus«-Signal das Loslaufen aus, was geclickt wird. An diesem Punkt wird sich der Hund vermutlich zu Ihnen umdrehen, um die Belohnung zu erhalten.

Verwenden Sie anstelle des Clickers das Signal »auf die Matte«.

- Legen Sie die Matte aus und wärmen Sie das Signal für »auf die Matte« auf
- Geben Sie das neue Signal »Voraus«
- Wenn der Hund auf das »Voraus« reagiert und das Verhalten startet, geben Sie das »auf die Matte«-Signal als Click und belohnen Sie wie üblich auf der Matte.

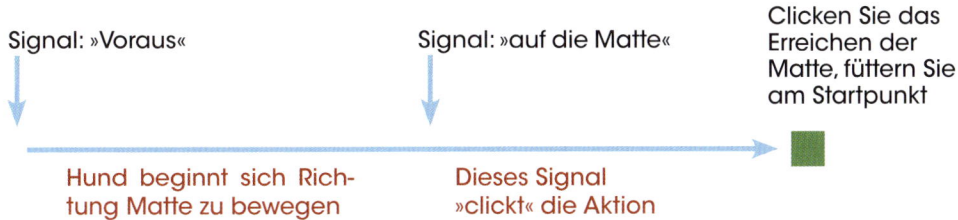

Gleiche Sprache, anderes Markersignal

Visuelles Markersignal
Sie können einen Clicker für jedes Verhalten verwenden, besonders wenn Sie denken, dass das dem Hund zu verstehen hilft, was Sie ihm erklären möchten. Aber achten Sie darauf, einen Standardclicker nicht direkt neben dem Ohr des Hundes zu benutzen, weil er zu laut ist.

Das Öffnen der Hand mit dem Lockfutter ist ein visuelles Markersignal. Es markiert den Moment, wenn der Hund das Futter nehmen kann – also die Aktion (Verhalten), die die Belohnung verdient hat.

Schnick Click
So wie das Öffnen der Hand anzeigen kann, dass eine Aktion eine Belohnung eingebracht hat, kann auch jegliche Bewegung mit den Armen diese Bedeutung haben. Sehr oft ist eine Bewegung Richtung Futterschälchen oder Leckerchenbeutel ein klares Anzeichen für den Hund, dass:

a.) er diese Bewegung irgendwie ausgelöst hat, als er sich vielleicht setzte, etwas berührte, sich bewegte etc.

b.) üblicherweise eine Belohnung folgt.

Der Clicker ist oft sinnvoller als diese visuellen Marker, weil der Hund arbeiten kann, ohne sich dabei auf unsere Bewegungen konzentrieren zu müssen. Aber wenn der Hund auf unsere Bewegungen achtet, können visuelle Marker extrem klare Formen der Kommunikation sein.

Click für Aktion, Füttern für Ausruhen
Wenn Sie eine Sitzgrundstellung für die Fußarbeit lehren wollen, aus der der Hund schwungvoll loslaufen kann, clicken Sie beim Formen dieses Verhaltens das Hinsetzen, aber werfen Sie das Belohnungsleckerchen immer nach vorne weg. Dadurch wird der Hund ermutigt, während des Sitzens die Spannung im Hüftgelenk zu halten. Möchten Sie andererseits ein dauerhaftes, entspanntes Sitzen fördern, füttern Sie ihn im Sitzen. Dann können die Muskeln sich entspannen und die Position wird bestärkt, nicht die Bewegung.

So viele Dinge zu lernen
Ist das nicht spannend? Genießen Sie den Lernprozess, anstatt sich nur auf das Ergebnis zu konzentrieren und Sie werden jede Menge Spaß haben. Suchen Sie Spiele aus, die sowohl Sie beim Lernen bereichern und Ihre Lehrfähigkeiten entwickeln helfen als auch Ihrem Hund viel Spaß machen.

3 Spiele mit Gegenständen

Targettraining ist eine wunderbare Trainingstechnik, die den Lernprozess für den Hund vereinfacht und uns ermöglicht, völlig neue Bereiche des Lernens zu erforschen. Ein Beispiel: Als ich mit dem Clickertraining begann, starteten wir mit zwei Basistargets: dem Stab und der Matte. Für den Anfang war ich zufrieden mit jeder Art von Interaktion, mit Engagement von Seiten der Hunde und mit noch variabler Dauer des gezeigten Verhaltens.

Diese Generation von Junghunden lernte, mit ihrer Nase einen Gegenstand am Ende des Targetstabes zu berühren. Der Gegenstand wurde je nachdem, welcher Körperteil angesprochen wurde, verändert. Das Verhalten hängt von verschiedenen Aktionen ab. Wenn der Stab ruhig gehalten wird, heißt das: Berühre das Objekt. Wenn der Stab sich bewegt, heißt das: Folge dem Objekt. Damit kann ich jetzt viel präziser und leichter verständlich erklären, was ich lehren möchte. Woher ich das weiß? Die so trainierten Hunde entwickelten ungeheure Targetfertigkeiten. Wenn sie ein neues Verhalten lernen, scheinen sie die Bewegung gleichsam auszuwerten. Innerhalb weniger Wiederholungen zeigen sie das Verhalten schon flüssig. An diesem Punkt führe ich das endgültige Signal ein – und sie benötigen umgehend keinen Target mehr. Sie haben die Lernstrategie generalisiert: Lass den Target das Verhalten erklären, merke Dir das, erkenne das Signal, nehme den Target vorweg, vergiss den Target.

Targettraining stärkt das endgültige Verhaltenssignal. Zuvor hatte ich die gleichen Verhalten oft durch Locken oder Handbewegungen erarbeitet und musste das dann wieder ausschleichen, weil die Handbewegungen vom endgültigen Verhalten ablenkten. Viele Verhalten entstanden aus Handbewegungen und die Hunde fanden es schwierig, sie später zu ignorieren. Der Target dagegen braucht nicht ausgeschlichen zu werden, da er gar nicht mehr da ist, sobald das Verhalten mit dem endgültigen Signal verknüpft wurde. Dagegen sind meine Hände und Arme eben immer anwesend und »reden« ununterbrochen, sogar, wenn sie sich nicht bewegen.

Im Jahr 2006 hatte ich das Glück, einen Tag im Shedd Aquarium in Chicago verbringen zu dürfen. Ken Ramirez ermöglichte es mir dankenswerterweise, eine besonders effektive Art der Verwendung von Targets erleben zu können. Im Delfinbecken sind meistens ungefähr ein Dutzend Tiere. Zu den regelmäßigen Fütterungszeiten (die, so wie ich es verstanden habe, mehr dem ganztägigen Fressen ähneln als einer einmaligen oder zweimaligen Fütterung, wie wir sie bei Hunden haben) gehen ein paar Trainer zum Pool.

Bei jeder Fütterung sind Gelegenheiten für Training oder Vorführungen fest eingeplant. Vielleicht benötigt ein Tier Körperpflege oder ein spezielles Verhalten für eine Vorführung muss aufpoliert werden. Die Trainer haben jeweils einen Eimer mit Fischen, die genau auf die Ernährungsbedürfnisse des Tieres abgestimmt sind, das der Trainer gerade trainiert. Jeder Trainer trainiert und füttert möglicherweise mehr als ein oder zwei Tiere. An den Eimern sind je nach Tier bestimmte Zeichen angebracht. Sie bestehen aus großen, verschiedenfarbigen und gemusterten Kunststoffformen: ein Stern, ein Quadrat, eine Blume, ein Paddel etc.

Wenn die Trainer zum Poolrand kommen, fangen die Delfine an, am Beckenrand entlangzuschwimmen. Jeder Trainer geht zu einem der verschiedenen Punkte, die über drei Seiten des Beckens verteilt sind. In Koordination mit den anderen Trainern gibt dann jeder sein Signal für »Komm zu Deiner Station«, indem er die Plastik-Formen – die Targets – von den Eimern nimmt und ins Wasser hält.

Jeder Delfin schwimmt am Beckenrand entlang, bis er seine »Station« gefunden hat. Jeder hat seinen eigenen Target, der ihm sagt, wo seine Futter- und Trainingsstation ist.

Überlegen Sie einmal, ob Sie die gleiche Technik nicht auch benutzen könnten, wenn Sie mehr als einen Hund zugleich trainieren. Was, wenn jeder Hund seinen eigenen Target hätte, dem er mit der Nase folgt? Jeder Hund könnte sein eigenes Stationstarget haben, vielleicht eine Matte oder ein Hocker, wo er auf seine Signale wartet. Weil Hunde präziser sehen als hören können, können sie Targetformen hervorragend auseinanderhalten, viel leichter als zum Beispiel Wortsignale.

Was sind Targets?

Ein Target ist alles, was ein Verhalten hervorruft. Genau genommen ist er ein Objekt-Reiz, sprich der Gegenstand selbst wird zum Signal für eine Aktion, einen spezifischen Körperteil oder einen Ort – oder auch eine Kombination all dieser Komponenten.

Für den Delfin Remus war der gelbe Plastikstern das Stations-Signal, wobei die Aktion (halte Deine senkrechte Schwimmposition) mit dem Ort (an dieser Stelle) kombiniert wurde.

Sorgfältige Planung wird dem Hund eine Reihe von Targetfertigkeiten vermitteln, die unterschiedlich kombiniert werden können, um damit sehr komplexe Verhalten zu erschließen. Gutes Targettraining und gute Planung erschließen Ihnen einen ganz neuen Bereich leicht zu lehrender Verhalten.

Targets werden meistens als vorübergehende Lernhilfen eingesetzt, die jederzeit leicht durch neue Signale ersetzt werden können. Als vorübergehendes Hilfsmittel unterstützen sie den Hund beim Verstehen und Erlernen des endgültigen Signals – das dann, wie wir gesehen haben, stärker ist, weil der Target wieder verschwindet. Targets müssen, auch wenn sie nur als zeitlich begrenzte Hilfe verwendet werden, mit der gleichen Motivation gelehrt werden, wie es für das Verhalten gewünscht wird. Wenn Sie »Voraus« oder »Geh auf Deine Station«

trainieren, kann zum Beispiel die Geschwindigkeit ein wichtiges Kriterium des gewünschten Verhaltens sein. Eine Matte ist hierfür der ideale Target. Während des Lernens müssen Geschwindigkeit, Engagement und gerades Anlaufen der Matte erreicht werden, wenn diese die Kriterien des endgültigen Verhaltens sind.

Halten Sie Ordnung in Ihren Targets. Stellen Sie sicher, dass sie gut sichtbar sind und dass der Hund sie leicht unterscheiden kann. Border Collies können leicht Tischtennisbälle von Golfbällen unterscheiden. Gordon Setter können auch gut unterscheiden, verlassen sich aber eher auf ihre Nase als auf ihre Augen. Das bedeutet, dass sie viel dichter am Target sein müssen, um diesen riechen zu können. Ihr Sehvermögen ist für große Distanzen ausgelegt und sie achten nicht wie die Collies auf kleinste Bewegungen ihrer Beute. Da es bisher keine Tests für Sehschwächen bei Hunden gibt, benutzen Sie einfach Ihren gesunden Menschenverstand, um einzuschätzen, wie gut Ihr Hund verschiedene Objekte unterscheiden kann. Verlassen Sie sich nicht auf unterschiedliche Farben, sondern verwenden Sie am besten unterschiedliche Formen und Materialien.

Targetstäbe

Ein Targetstab muss ein Objekt am Ende haben. Mit einem Stab ohne eine spezielle »Touch-Zone« ist präzises Lernen nicht möglich. Sobald der Hund gelernt hat, ein Objekt mit einem bestimmten Körperteil, der Pfote, der Nase, der Wange und so weiter, zu berühren, kann das Objekt auf den Targetstab als Verlängerung Ihres Arms übertragen werden. Das ist ideal für sehr kleine und sehr große Hunde, gerade hier reduziert die Verwendung eines Targetstabs den notwendigen Körpereinsatz. Unsere Bewegungen können eine Aktion hemmen, weil wir den Hund bedrängen, schlecht ausbalanciert sind oder Druck durch zu große Nähe aufbauen. Denken Sie bei der Wahl des Objekts an seine zukünftige Verwendung. Ein Ball an einem Targetstab muss deutlich sichtbar und leicht von anderen Objekten zu unterscheiden sein. Bei einem Nasentarget kann der Einsatz eines bestimmten Duftes hilfreich sein. Genau wie verschiedene Objekte kann man auch verschiedene Futtersorten als Targets verwenden.

Die zu den verschiedenen Targetobjekten gehörenden Verhalten werden normalerweise durch Freies Formen gelehrt und dann auf verschiedenste Art verwendet, um unterschiedlichste Verhalten auszulösen. Ein Nasentarget kann auf Hände, Schubladen, Türen, Stäbe oder Hundeboxen übertragen werden, um zu vermitteln: »Bitte hier deine Nase platzieren«. Man benötigt eine kreative Auswahl an Objekten: Klammern, Stöpsel, Etiketten, Aufkleber und so weiter.

Freies Formen der Objekt-Verknüpfungen

Eine frei geformte Verknüpfung mit dem Objekt ist viel stärker als eine durch Locken oder Platzieren des Hundes aufgebaute. Die Hunde werden sich ihrer kleinsten Bewegungen bewusst – eine Fertigkeit, die für das Targettraining höchst erwünscht ist. Der Target selbst wird zum Signal für den Körperteil, die Nase, die linke Vorderpfote, die Hüfte und so weiter und löst das Verhalten zuverlässig aus, sobald man ihn präsentiert.

Belohnung für Aktion

Wenn Sie kleinste Bewegungen formen, geben Sie die Belohnung so, dass die Aktion gefördert wird. Wenn Sie zum Beispiel einen Pfoten-Touch lehren wollen, muss sich der Hund auf seinen anderen drei Beinen ausbalancieren, damit er dieses Verhalten leicht ausführen kann. Die Aktion beinhaltet einen Wechsel des Schwerpunkts als wesentlichen Bestandteil der erfolgreichen Ausführung. Wenn das Objekt präsentiert wird, sollte es deshalb zunächst eine Verlagerung des Schwerpunktes auslösen, damit die richtige Pfote frei bewegt werden kann. Geben Sie die Belohnung so, dass der Hund diesen Schwerpunktwechsel einleiten kann.

Wenn der Hund selbstbewusst einen Gegenstand berührt und die Berührung aufrecht erhält, kann das Kontakthalten geclickt und die Belohnung in dieser Position gegeben werden. Bewegungen, die zu diesem Ziel führen, können Schritt für Schritt zum Berührungspunkt verkettet werden. Wenn der Hund anfänglich nicht in der Lage ist, den Gegenstand zu berühren, müssen schrittweise stärkere Bewegungen gelehrt werden. Sie können zum Beispiel anfangs eine Gewichtsverlagerung des Hundes belohnen, im nächsten Schritt dann die Tatsache, dass er das Gewicht von der Pfote nimmt, dann das Anheben der Pfote und so weiter. Die Bestärkung muss so gegeben werden, dass eine Wiederholung dieser Aktion unterstützt wird und Selbstvertrauen und Selbstbewusstsein gestärkt werden. Größere Genauigkeit kann dadurch erreicht werden, dass man das Verhalten schrittweise trainiert, anstatt sich auf das Endergebnis zu konzentrieren. Ein junger Hund kann für einen Pfotentaps geclickt werden, aber vielleicht bietet er dann als Nächstes einen Pfotenhieb an, sodass der Gegenstand durch die Gegend fliegt, oder er versucht den Gegenstand mit der Pfote zu schieben oder zu ziehen.

Benutzen Sie den Clicker, um das Ansatzverhalten zur Gewichtsverlagerung zu markieren und weitergehendes Verhalten auszubremsen, bis Selbstkontrolle erkennbar wird. Dann arbeiten Sie kleinschrittig daran, dass der Hund seine Pfote dem Target annähert, sodass Sie die richtigen Bewegungen markieren können. Wenn die Bewegung zu stark abweicht, gehen Sie zurück zur Gewichtsverlagerung. Benutzen Sie die Futterbelohnung nach dem Click dazu, den Hund in die Steh- oder Sitzposition zu locken. Das ist die Ausgangsposition, aus der das Verhalten gestartet wird. Wenn Sie das Leckerchen hinter den Hund werfen, muss sich der Hund wieder neu »aufbauen«, bevor er die Gewichtsverlagerung beginnen kann.

Sobald Selbstkontrolle erzielt wurde, kann die Berührung des Objekts belohnt werden. Wenn Sie ein Objekt benutzen, um ein Verhalten auszulösen, kann die Belohnung in Position gegeben werden. Wenn Sie zum Beispiel »Steh auf der Matte« lehren wollen, clicken Sie den Hund, wenn er auf der Matte steht und füttern ihn fünfzehn bis zwanzig Mal in dieser Position. Wenn Sie die Kriterien langsam steigern, benutzen Sie die Futterbelohnungen, um den Hund ein kleines Stück von der Matte wegzulocken. Das wird die Bewegung zurück auf die Matte auslösen. Der Click markiert das korrekte Verhalten, aber jetzt wird die Belohnung in der Ausgangsposition gegeben.

Die Belohnungs-Uhr

Um Verwirrung zu vermeiden, beschreibe ich die Richtung des Leckerchenwurfs gerne mit dem Zifferblatt einer Uhr und der jeweiligen Angabe der Uhrzeit. Stellen Sie sich vor, dass Sie dabei immer auf sechs Uhr stehen und der Hund in der Mitte der Uhr.

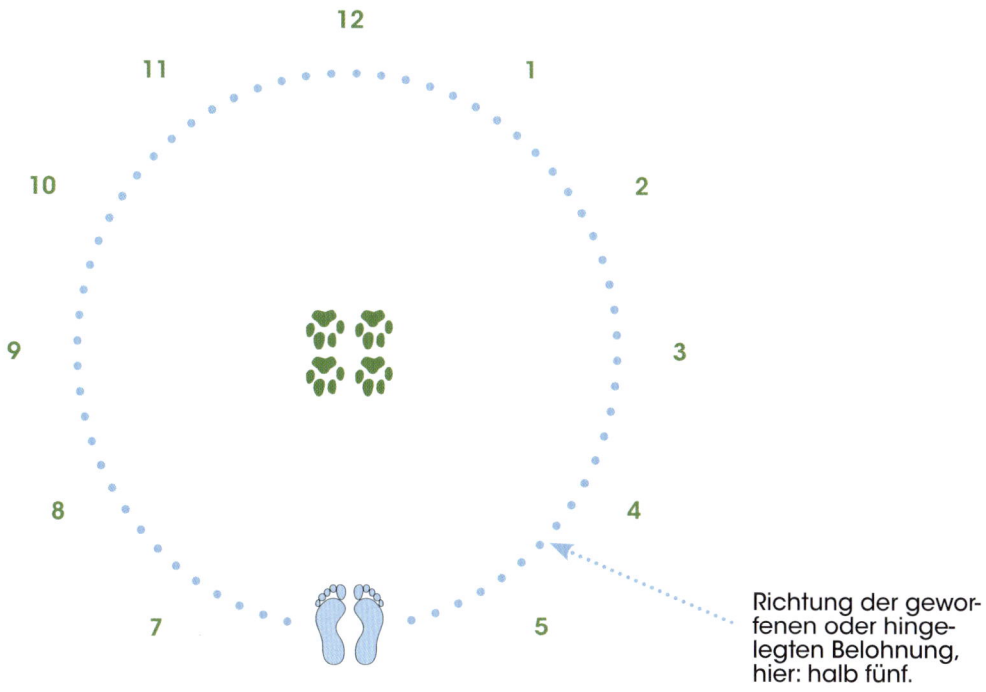

Richtung der geworfenen oder hingelegten Belohnung, hier: halb fünf.

OBJEKT	KÖRPERTEIL	VERHALTENSREPERTOIRE
Kleiner Ball	Nasenberührung	Berühre es mit der Nase, schiebe es mit der Nase, bleib in dieser Körperhaltung, folge, wenn es sich bewegt, berühre es, um »diese Person« oder »diesen Ort« anzuzeigen. (Seite 40)
Flache, kleine Matte, wie MousePad	Kinn darauf legen	Hinlegen mit »Kopf unten«, beim Fellpflegen oder andere Pflegemaßnahmen im Gesicht. (Seite 55)
Deckel, flache, runde Scheibe, Bierdeckel, Untersetzer	Verschiedene für jede Pfote	Zum Platzieren, schieben, drauf tapsen, ziehen, winken, bei der Pfotenpflege. (Seite 41)

Teppichrest	Vorderpfoten	Gerades Stehen, Distanzarbeit, Ziel, Stillhalten. (Seite 44)
Taschenlampe	Augen oder schnüffeln	Schau in diese Richtung, halte deinen Körper still, Kopfdrehung auf Entfernung, Anzeigen (Drogen, etc.). (Seite 54)
Geflochtenes Zergelseil	Maul	Halte es, öffne die Schublade, zieh, sammle es ein, bring es, leg es hin. (Seite 50)
Kegel, Hütchen, Stange	Lauf dran vorbei, lauf drum herum, stell dich neben den Kegel	Gehe auf die linke/rechte Seite von, laufe einen Kreis um, stell dich seitlich daneben. (Seite 51)
Hundekissen	Mit dem ganzen Körper	Leg dich drauf, schlafe, entspann dich, warte, bis du dran bist.
Zaun, Wand, Barriere	Bewegungsrichtung	Laufe daran entlang, laufe einmal herum.
Plastikrohr, Fliegenklatsche	Hüfte oder Hinterbeine	Berühre es mit deiner Hüfte, rückwärts gehen, die Hüfte nach links oder rechts bewegen.
Buch, flacher Stein, Pflasterplatte	Hinterpfoten	Tritt darauf, halte die Position. (Seite 56)

Verschiedene Targets

Spiel 3.1 Target: Lernanfänger

Übung für: Selbstbewusstsein, Selbstkontrolle, Erinnerungsvermögen

Benötigte Vorkenntnisse: Keine

Dies ist eine fantastische erste Übung für junge Hunde oder solche, die noch keine Erfahrung mit dem freien Formen haben.
Wählen Sie ein geeignetes Objekt aus, das mit großer Sicherheit das gewünschte Verhalten auslösen wird. Neue Objekte werden meist zunächst beschnüffelt (Nasenberührung), Objekte auf der Erde rufen einen Pfoten-Touch hervor und flache Matten eigenen sich für einen Kinn-Touch.
Lernanfänger müssen ermutigt werden, alle möglichen Interaktionen mit dem Gegenstand anzubieten, erfahrene Hunde können auch speziellere Verhalten schnell erlernen.

Sie benötigen: Einen Gegenstand, den der Hund mit der Nase oder der Pfote berühren soll.

Trainingsschritte	Sie clicken	Ort der Belohnung
1. Setzen Sie sich auf einen Stuhl und beginnen Sie das Training, indem Sie einige Male bestärken, dass der Hund vor Ihnen steht und auf die Lektion wartet. Wärmen Sie den Hund mental auf, sodass er sich gut konzentrieren kann.	Aufmerksamkeit auf Sie	Werfen Sie die Leckerchen in verschiedene Richtungen.
Werfen Sie die Leckerchen, damit der Hund sich von Ihnen weg bewegt. Das gibt Ihnen die Gelegenheit, Konzentration und Lernwillen des Hundes daran zu messen, wie er wieder in die Ausgangsposition zurückkommt.		
2. Nehmen Sie das Objekt in die Hand und versehen Sie es mit Ihrem Geruch, reden Sie mit dem Objekt, damit der Hund neugierig darauf wird. Platzieren Sie das Objekt vor Ihren Hund.	Ansehen des Objekts oder Konzentration darauf	Ausgangsposition
Geben Sie die Belohnung nahe beim Objekt, aber nicht am Berührungspunkt. Benutzen Sie Futter, um den Hund wieder in die Ausgangsposition zu bringen.		
3. Interesse, Neugierde und Interaktion. Ermutigen Sie den Lernanfänger zunächst bei jeglicher Art von Interaktion. Dann fangen Sie an, unerwünschte Aktionen auszuschließen, indem Sie auf die Ausgangsposition achten, die nur das gewünschte Verhalten ermöglicht.	Richtige Verhalten	Die Ausgangsposition, die das gewünschte Verhalten ermöglicht.

4. Arbeiten Sie an flüssigen, sich wiederholenden Aktionen, damit sich die Muskelbewegungen mit dem Objekt verknüpfen.	Flüssigere Ausführung und Selbstvertrauen	Anfangsposition
5. Generalisieren der Annäherung an das Objekt. Fangen Sie langsam an, den Ort der Belohnungsgabe und damit die Anfangsposition zu variieren, damit der Hund anfängt, sich zum Objekt umzudrehen, zum Objekt hinzugehen, etc.	Richtiges Verhalten	Variable Position, um die Erfahrungen zu erweitern, wie der Hund das Objekt ansteuern kann.

Spiel 3.2 Target: Nasen-Touch an Ball

Übung für: Reaktion auf Targetsignal, Selbstbewusstsein

Benötigte Vorkenntnisse: Keine

Dies ist eine fundamentale Übung, um eine Bewegung durch Folgen eines Targets zu erlernen. Durch Locken scheint man dasselbe Ergebnis zu erzielen, aber durch die Verwendung von Targets zeigt sich ein sichereres Erlernen des Verhaltens.
Man muss das Objekt an einem Stab befestigen, es in der Hand halten oder an einem anderen Gegenstand befestigen können, der mit der Nase berührt werden soll, zum Beispiel an einer zu schließenden Tür.

Sie benötigen: ein Nasentarget. Damit es leicht gefunden werden kann, sollte es mit einem Duft versehen werden und sich optisch gut von den meisten Hintergründen abheben.

Trainingsschritte	Sie clicken	Ort der Belohnung
1. Halten Sie den Ball in Nasenhöhe des Hundes. Entweder befestigen Sie ihn übergangsweise an einem anderen Gegenstand oder an einem Stab.	Schnüffeln, Neugierde	In der Nähe des Balls.
2. Bauen Sie die Dauer des Kontakts bei normaler Berührung aus. Der Hund sollte sich nicht bewegen, wenn er den Ball berührt.	Berühren mit der Nase.	In der Nähe des Balls, langsam den Abstand steigern.

Wenn der Hund in den Ball beißt, kommen Sie ihm zuvor, clicken Sie schneller, um seinen Übereifer zu bremsen und arbeiten Sie dann daran, dass sich der Hund mit geschlossenem Maul annähert.	Annähern, dann kontrolliertes Annähern.	Werfen Sie es hinter den Hund.
3. Generalisieren Sie, indem Sie die Leckerchen an verschiedene Stellen rund um das Objekt werfen und langsam die Höhe des Objekts verändern.	Berühren mit der Nase.	Variable Orte.

Das erlernte »Touch« lässt sich zum »Folgen« ausbauen.

Spiel 3.3 Target: Pfoten-Touch an einer Scheibe

Übung für: Kleine Bewegungen, Rechts/Links-Unterscheidung, kontrolliertes Ausbalancieren

Benötigte Vorkenntnisse: Target Spiel 3.1

Eine fundamentale Übung, die Grundlage für viele Varianten und fortgeschrittenere Verhalten ist.
- Erlernen der Unterscheidung linke und rechte Pfote
- Erlernen der Kontrolle, welche Art von Verhalten ausgeführt werden soll. z.B. dessen Höhe (Winken, Taps), Intensität (Ziehen, Schieben), welcher Teil der Pfote (Ballen, Krallen, Pfotenrücken).

Sie benötigen: Zwei kleine, unterschiedlich hohe Formen-Objekte, wie Schraubdeckel, Untersetzer

Trainingsschritte	Sie clicken	Ort der Belohnung
1. Formen Sie den Hund, eine Position in der Nähe des Objekts zu halten und sich auf das Objekt zu konzentrieren.	Anfangsposition, die sich für das Verhalten eignet.	Anfangsposition
2. Wählen Sie eine Bewegung der gewünschten Pfote und ignorieren Sie das Bewegen der anderen.	Nur Bewegungen der gewählten Pfote.	Boden hinter der gewählten Pfote.
Die Platzierung des Leckerchens kann es dem Hund einfacher machen, diese Pfote zu bewegen. Berücksichtigen Sie, wo dazu der Körperschwerpunkt liegen muss.		
3. Formen Sie die Bewegung, ein leichter Taps, schieben oder ziehen.	Richtiges Verhalten	Zurück zum bequemen Stehen.
4. Um Höhe zu erzielen, legen Sie das Objekt auf ein Buch oder einen Stein. Stellen Sie sicher, dass das Objekt so ausgerichtet ist, dass die Pfote es berühren kann. Wenn Sie ein Winken formen, muss das Objekt nach und nach vertikal ausgerichtet werden.	Das Verhalten bei der Berührung	Zurück zum bequemen Stehen
Bemerkung: Der Target ist nur für die Arbeit mit dieser Pfote bestimmt. Seine Position bestimmt die Art des Verhaltens.		
5. Verwenden Sie einen neuen Target und lehren Sie das Gleiche für die andere Pfote.	Richtiges Verhalten mit der richtigen Pfote.	Anfangsposition, die die Wahl der richtigen Pfote unterstützt.

Arbeit mit dem Pfotentarget

Varianten für Fortgeschrittene

Beide Pfoten gleichzeitig
Platzieren Sie beide Targets, um das gewünschte Verhalten auszulösen:
nebeneinander für Schieben mit beiden Pfoten
beide auf Augenhöhe des Hundes für beide Pfoten in der Luft

Übertragen Sie den Target auf neue Objekte
- Halten Sie den Target in Ihrer Handfläche
- Legen Sie den Target auf Ihren Schuh
- Kleben Sie den Target auf einen Lichtschalter
- Legen Sie den Target auf einen Geruch, der angezeigt werden soll

So lehren Sie liegen mit »*gekreuzten Pfoten*«. Legen Sie den Target für die linke Pfote rechts neben die rechte Pfote.

Lehren Sie eine *Bandbreite von Verhalten.*
Verwenden Sie für jedes Verhalten einen anderen Target und kombinieren Sie es anfangs mit dem Objekt für die jeweilige Pfote. Zum Beispiel: Deckel + Stein = Winken. Der Stein wird dann zu »Winken mit der linken Pfote«.

Andere mögliche Verhalten

Schieben – Verwenden Sie einen flachen Gegenstand auf glattem Untergrund, ermutigen Sie die Berührung aus einem ausbalanciertem Stehen.
Ziehen – Legen Sie das Objekt etwas weiter weg und unterstützen Sie die Gewichtsverlagerung nach hinten oder lassen Sie den Hund sitzen.
Umkippen – Stellen Sie einen Becher dicht vor die Pfote, signalisieren Sie Pfoteheben und clicken Sie, wenn der Becher umfällt. Berührungspunkt wäre der Pfotenrücken.
Mit beiden Pfoten festhalten – Knoten Sie ein Band an ein beliebtes Spielzeug und legen Sie es unter die Pfoten, dann ziehen Sie es an der Schnur nach oben.

Das Signal einführen
Natürlich kann man die beiden Targets für rechts und links weiterhin nutzen, um zu zeigen, welche Pfote ein bestimmtes Verhalten ausführen soll. Ein verbales Signal ist aber sehr praktisch, wenn man dem Hund beibringen möchte, Aktionen mit der linken Pfote von Aktionen mit der rechten zu unterscheiden. Der Hund kann dann später Drehung links, Schritt rechts, Spring links, hol das Rechte lernen.

Spiel 3.4 Target: Pfoten auf die Matte

Übung für: Touch im Stehen, Fühlen von wechselnden Untergründen, Aufmerksamkeit auf Ort

Benötigte Vorkenntnisse: Target Spiel 3.1

Dies ist eine ausgezeichnete Übung, um die Berührung eines Objekts zu lehren. Hier ist die Position auf dem Objekt das Ziel. Sie können viele verschiedene Verhalten einüben, indem Sie verschiedene Situationen mit der Matte stellen und diese auf neue Signale übertragen.
Die Matte sollte eine andere Oberflächenbeschaffenheit als der umgebende Boden haben. Möglicherweise lernt der Hund das Verhalten eher durch das unterschiedliche Gefühl an den Pfoten, bevor er die Matte optisch wahrnimmt.

Sie benötigen: Teppichmuster, flache Platten, Gummimatten etc.

Trainingsschritte	Sie clicken	Ort der Belohnung
Legen Sie die Matte direkt vor Ihren Stuhl, mindestens eine Armlänge entfernt. Sie sollten Ihrem auf der Matte stehenden Hund Leckerchen reichen können, ohne aufstehen zu müssen.		
1. Clicken Sie, wenn der Hund auf die Matte läuft. Werfen Sie fast zeitgleich das Leckerchen hinter den Hund. Das verhindert, dass der Hund über die Matte hinweg läuft.	Auf die Matte laufen	Hinter den Hund auf 12 Uhr. (siehe Seite 37)
2. Zögern Sie den Click um zwei Sekunden hinaus, damit der Hund lernt, auf der Matte stehen zu bleiben.	Auf der Matte stehen.	Hinter den Hund auf 12 Uhr. (siehe Seite 37)
3. Fangen Sie an, das Leckerchen auf 10-11 Uhr oder 13-14 Uhr zu geben. Achten Sie darauf, ob der Hund beim Rückweg auf die Matte einen Umweg zu Ihnen einlegt. Stellen Sie sicher, dass er lernt, auf die Matte zu gehen und nicht einfach zu Ihnen zurückkehrt.	Stillstehen auf der Matte.	Hinter dem Hund, um beurteilen zu können, ob er das Verhalten gelernt hat.

4. Legen Sie die Matte abwechselnd für ein paar Wiederholungen näher an sich heran beziehungsweise weiter von sich weg, um »auf die Matte gehen und stehen bleiben« zu generalisieren.	Stillstehen auf der Matte.	Hinter dem Hund, um beurteilen zu können, ob der Hund das Verhalten gelernt hat.
5. Verändern Sie die Anordnung so, dass es das Leckerchen direkt vor Ihnen gibt und der Hund sich umdrehen muss, um zurück auf die Matte zu laufen. Zwei Verhalten werden gelernt: Die Matte suchen und auf die Matte laufen.	Stillstehen auf der Matte.	Direkt vor Ihnen oder sogar hinter Ihnen zum Aufbau von mehr Geschwindigkeit.

Matte als Target

Varianten für Fortgeschrittene

Halte Deine Position
Signalisieren Sie dem Hund, auf die Matte zu gehen, aber anstatt das Leckerchen zu werfen, gehen Sie zu ihm hin und füttern ihn vor Ort. Die Verwendung eines anderen Markers anstatt des normalen Clicks kann dem Hund noch verdeutlichen, dass er sich nicht bewegen soll – denn der normale Click bedeutet ja, dass er sich bewegen soll, um das Leckerchen zu bekommen.

Der Hund kann auf der Matte eine andere »Bleib«-Position lernen, wobei die Matte hilft, den »Bleib« Teil zu verdeutlichen, bis das Verhalten mit einem Signal verknüpft ist.

Führen Sie das Signal ein
Die Matte selbst ist das Signal und sagt dem Hund ständig »komm her« oder »stell dich auf mich«. Ein verbales Signal kann eingeführt werden, um dem Hund zu sagen, dass er in Richtung Matte, d.h. von Ihnen weglaufen soll. Zusätzliche Signale können gegeben werden, wenn der Hund auf der Matte angekommen ist.

Distanzarbeit

Signalisieren Sie dem Hund, auf die Matte zu gehen und werfen Sie das Futter etwas weiter weg. Der Hund sollte schon in der Lage sein, auf die Matte zu laufen, wenn Sie in der Nähe sind (A), bevor Sie anfangen, sich Schritt für Schritt zu entfernen (B). Bauen Sie langsam die Distanz auf, clicken Sie, wenn der Hund auf der Matte ankommt und fördern Sie höhere Geschwindigkeit und Zielstrebigkeit, indem er die geworfenen Leckerchen jagen darf. Wenn er zu der Matte rennt, geben Sie das »Bleib«-Signal und geben dann das Signal für ein anderes Verhalten. Clicken Sie und belohnen Sie auf der Matte.

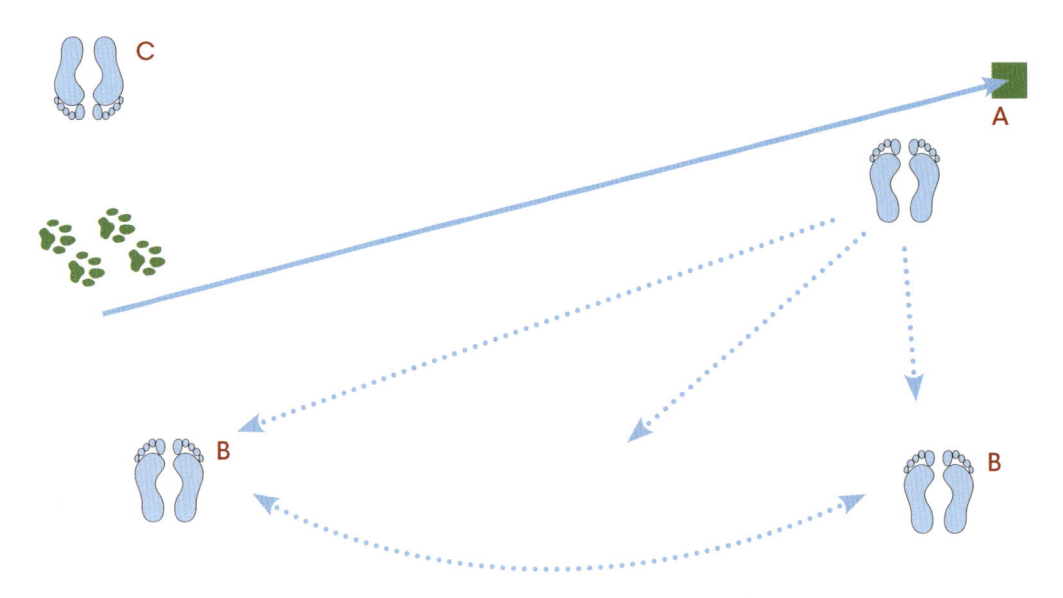

Spiel 3.5 Target: Stab

Übung für: Kleine Bewegungen, Rechts/Links-Unterscheidung, Gleichgewichtskontrolle.

Benötigte Vorkenntnisse: Stationäre Targets, Spiele 3.2, 3.3, 3.4.

Sie benötigen: Teleskopstab und Gegenstände zum Daraufstecken.

Das Befestigen eines Objekts am Ende eines Stabes ermöglicht es uns, das Verhalten des Hundes von unseren eigenen Körperbewegungen loszulösen. Das macht die Übertragung auf das endgültige Signal einfacher.

Die meisten Objekte kann man an einem Stab verwenden (Nasenball, Pfotenscheibe) oder zusammen mit der Pfotenmatte – bring es dorthin, leg es hierhin, schieb es, etc. Der Schlüssel zum Erfolg besteht darin, sicherzustellen, dass der Hund sich ganz auf das Objekt konzentriert und nicht auf Sie oder den Stab. Bewegen Sie sich so wenig wie möglich.

Trainingsschritte	Sie clicken	Ort der Belohnung
1. Wärmen Sie das zum Objekt gehörige Verhalten auf und geben Sie dann das Signal, wenn das Objekt am Stab befestigt ist.	Das richtige Verhalten	In der Nähe des Objekts

Zu diesem Zeitpunkt ist das Objekt das Signal. Achten Sie darauf, dass das Objekt und der Stab außer Sicht verschwinden, sobald Sie geclickt haben. Wenn das Objekt ständig sichtbar ist, kann es passieren, dass der Hund auf das erste Präsentieren des Objekt-Signals nicht reagiert. Das wäre in etwa so, als würden Sie ständig sitz sitz sitz sitz sitz sitz sagen, bis der Hund reagiert. Eine gute Reaktion auf ein Signal erfolgt schnell und ohne Zögern. Der Hund sollte reagieren, sobald er das Objekt gezeigt bekommt.

Gib mir Fünf – Pfotenscheibe

1. Wählen Sie eine stationäre Position wie Sitz oder Platz. Befestigen Sie das Pfotenobjekt (das linke oder rechte) an einem Stab. Halten Sie es zunächst niedrig und arbeiten Sie dann schrittweise an der Höhe.	Pfoten-Touch	In Ausgangsposition
2. Formen Sie, bis der Hund die Pfote ganz ausstreckt, ohne zu springen. Führen Sie ein Signal ein und verknüpfen Sie es dann mit einem »Abklatschen«.	Pfoten-Touch ohne hochzuspringen	In Ausgangsposition

Stupsen oder Schieben eines Balls mit der Nase

1. Wenn der Hund das Berühren eines Balls mit der Nase beherrscht, fangen Sie schrittweise an, den Targetstab-Ball langsam vom Hund weg zu bewegen. Der Hund muss diesen dann entweder mehrmals berühren oder die Nase gegen den Ball drücken, um den Kontakt zu halten.	Stärkeren Druck gegen den Ball.	In der Nähe des Balls

Varianten für Fortgeschrittene

1. Wenn der Hund sich dem Ball nähert, bewegen Sie den Ball weiter. Clicken Sie, wenn der Hund dem sich bewegenden Target folgt.	Folgen des Targets.	Werfen, um Bewegung zu ermutigen.
Verlangen Sie kein Kontakthalten in der Bewegung, das ist viel zu schwierig. Beim Folgen sollte der Hund auf den Target konzentriert sein, muss ihn aber nicht berühren. Die Bewegung kann an einem stationären Target enden, den der Hund schließlich berührt.		
2. Richten Sie die Geschwindigkeit, mit der Sie den Target bewegen, nach dem Können des Hundes. Steigern Sie die Geschwindigkeit, wenn der Hund zügig folgen kann.	Folgen des Targets UND Konzentration auf den Target.	Werfen, um schnellere Bewegungen zum Target zu ermutigen.
3. Generalisieren Sie mit wechselnden Höhen und Geschwindigkeiten.	Folgen des Targets UND Konzentration auf den Target.	Werfen

Wenn Sie dem Hund beibringen, einem Target zu folgen, bauen Sie Vertrauen auf, dass der Hund bei diesem Verhalten nicht stolpert, gegen andere Objekte stößt oder zu dicht an einen anderen Hund gerät.

Basierend auf dem »Folgen« können Sie entwickeln:

Verschiedene Gangarten (siehe 4.12, Seite 95)
Verschiedene Bewegungsmuster
Kreise laufen um Sie herum, durch die Beine weben etc.
Über Hürden springen, durch Slalomstangen schlängeln, Gegenstände suchen etc.
Kleine Hunde können so die bei Fuß Position lernen
Gehe über den Sprung oder das Hindernis

Humpeln

Der Pfotentarget kann dazu benutzt werden, dem Hund beizubringen, auf drei Beinen zu laufen, entweder als »verletzter Hund mit niedrig gehaltener Pfote«, oder mit »hoher Pfote«. Lassen Sie sich für den Übergang von stationärer Berührung zu Berührung in Bewegung viel Zeit, weil das Ausbalancieren in der Haltung eine echte Herausforderung für den Hund darstellt.

Übertragung auf neue Objekte: Wechseln des Signals

Die Pfotentargetscheibe oder der Nasenball können verwendet werden, um dem Hund das Berühren neuer Objekte beizubringen und ihn so zu lehren, einen Schalter zu bedienen, eine Schublade zu schließen, sich auf den Richter zu konzentrieren und so weiter. Frischen Sie das Targetverhalten auf, dann berühren Sie mit dem alten den neuen Target. Fügen Sie das neue Signal hinzu, wenn der Hund Ihre Bewegung des Targets vorwegnimmt.

Spiel 3.6 Target: Stoffbeutel halten

Übung für: Apportieren, Tragen und Assistieren

Benötigte Vorkenntnisse: Der Hand oder dem Objekt folgen (4.12 Seite 95).
Kombinieren von Targets (3.12 Seite 59)

Sie benötigen: Einen Stoffbeutel, in den man Leckerchen füllen kann und in dem Gegenstände apportiert werden können (alternativ: Socke)

Fast alle Targetübungen sind Grundlagen für eine unendliche Bandbreite an fortgeschrittenen oder komplexeren Verhalten.
Etwas ins Maul zu nehmen, ist je nach Enthusiasmus und Erfahrung des Hundes relativ leicht auszulösen. Es ist ein natürliches Welpenverhalten bei allen Rassen.
Je mehr Jagdverhalten ausgelöst wird, desto wahrscheinlicher ist es, dass der Hund in das Stofftarget beißt.

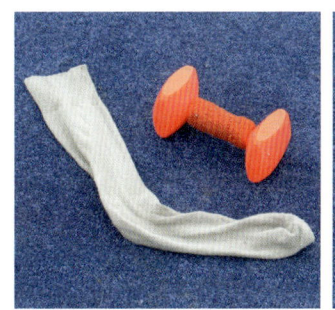

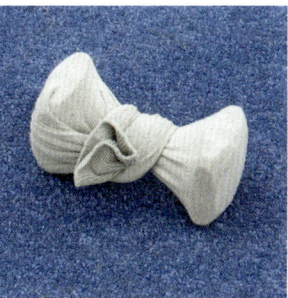

Trainingsschritte	Sie clicken	Ort der Belohnung
1. Nutzen Sie die Methode von Seite 152 für das Zerrspiel, um das Halten des Beutels zu üben. Belohnen Sie mit Leckerchen aus Ihrer Hand. Wiederholen Sie das so lange, bis der Hund sofort nach dem Beutel schnappt, wenn er ihn entdeckt.	Clicken Sie Beißen in die Socke.	Legen Sie ein Leckerchen auf das Stofftarget.

2. Fangen Sie an, andere, verschieden große, unterschiedlich schwere Gegenstände mit wechselnden Oberflächen in die Socke zu stecken (jeweils nur eins) und knoten Sie die Socke zu. Beim Zergeln wird die Socke länger werden. Sie können aber auch einen Stoffbeutel verwenden.	Nach der Socke und den neuen Gegenständen greifen.	Legen Sie ein Leckerchen auf den Gegenstand.
3. Sobald der Hund verschiedene Stoffe generalisiert hat, übertragen Sie das auf verschiedene Gegenstände, indem Sie den Stoff an anderen Objekten befestigen. Nähen Sie ein Stück um ein Apportel, ein Telefon etc.	Neues Objekt an einem definierten Ort aufnehmen.	Legen Sie ein Leckerchen auf den Gegenstand.
4. Damit der Hund lernt, den Gegenstand zu tragen, verlängern Sie zunächst die Zeitspanne, in der er ihn stationär hält, so, dass diese länger ist, als er ihn nachher transportieren soll. Dann benutzen Sie ein »Folge dem Targetstab mit der Nase«, um dem Hund zu vermitteln, dass er den Gegenstand dem Target hinterhertragen soll.	Bewegen mit dem Objekt.	In der Ausgangsposition in der Nähe des zu tragenden Objekts.
5. Verwenden Sie eine Matte, um dem Hund beizubringen, einen Gegenstand zu einem bestimmten Ort zu bringen. Signalisieren Sie »Tragen« und »Folge zur Matte«.	Tragen des Gegenstands zur Matte.	In der Ausgangsposition in der Nähe des zu tragenden Objekts.

Varianten für Fortgeschrittene

Neue Objekte
Der Hund kann mittels des Stofftargets lernen, neue Objekte zu tragen.

Öffnen durch Ziehen
Ein Zergel kann an einer Schranktür oder Schublade befestigt werden, damit der Hund sie damit aufziehen kann. Er kann so auch Kleidung ausziehen lernen. Wenn Sie auch Tragen trainieren, verwenden Sie dafür einen anderen Gegenstand.

Hier wurde »Trage das Objekt« schon mit einem Target (»ins Körbchen«) kombiniert.

Das Wortsignal einführen

Sie können ein Signal einführen, nämlich das »Trage dieses Objekt«. Der Stoff ist das »alte Signal«. Jedes Objekt kann zur Unterscheidung benannt werden, wie Spielzeuge, oder Haushaltsgegenstände: Telefon, Gehstock, Brille etc. Der Ort, an den der Hund den Gegenstand bringen soll, kann ergänzt werden. Dazu verwendet man die Targetmatte.

Spiel 3.7 Target: Kegel / Stangen

Übung für: Bewusstsein für die eigene Bewegung, einem Bewegungsmuster folgen, Rechts-/Links-Unterscheidung

Benötigte Vorkenntnisse: Erfahrung in verschiedenen Targeting-Verhalten mit Nase, Pfote etc.

Sie benötigen: Unterschiedliche Kegel oder gesteckte Stangen

Der Kegel bzw. die Stange wird eine bestimmte Bewegung auslösen: »Wende diese Körperseite dem Objekt zu, während du einen Kreis darum gehst.«
Es ist ein Basisverhalten, um dem Hund beizubringen, einen großen Kreis zu laufen, um einen Gegenstand herumzugehen und eine Position zu halten, einen Gegenstand zu umkreisen und einen Gegenstand als Distanzmarker zu verwenden.
Verwenden Sie unterschiedliche Objekte, um »geh links daran vorbei« oder »geh rechts daran vorbei« anzuzeigen.

Natürlich kann man das Umkreisen eines Gegenstandes auch mit Hilfe eines Targetstabes trainieren, aber mit einem Gegenstand in Form von Bewegung zu interagieren anstatt ihn zu berühren ist eine tolle Strategie zum Erlernen von Selbstbewusstsein.

Trainingsschritte	Sie clicken	Ort der Belohnung
1. Stellen Sie den Kegel in etwa einer Armlänge entfernt vor sich auf den Boden und werfen Sie ein Leckerchen auf 12 Uhr (Siehe Abb. 1 S.52). Sie nutzen die Wahrscheinlichkeit, dass der Hund zu Ihnen zurückkommt, als Gelegenheit zu clicken, wenn er am Kegel vorbeiläuft.	Seitliches Passieren des Objekts (zunächst nur in einer Richtung).	Wegwerfen, um den Kurvenradius zu verringern (Abb. 1).

2. Erweitern Sie durch geschickte Platzierung der Belohnung schrittweise den Abschnitt, den der Hund läuft. Der schwierigste Teil ist, wenn der Hund die Kurve zwischen Ihnen und dem Kegel kriegen, sich abwenden und dann um den Kegel herumlaufen muss.	Längere Laufstrecke um den Kegel herum.	So, dass die Laufstrecke verlängert wird.
3. Wiederholen Sie einige Male Muster Nr. 5 aus Abb. 1. Dann beginnen Sie schrittweise, die Leckerchen wieder immer mehr Richtung 12 Uhr zu werfen, dabei aber das Bewegungsmuster aufrecht zu erhalten.	Verkleinern des Kurvenradius und wegdrehen von Ihnen.	Neuer Ausgangspunkt für das gleiche Verhalten.

Wenn der Hund Schwierigkeiten hat, das Bewegungsmuster zu erlernen, verwenden Sie eine Targetmatte in der Nähe des Kegels und das gleiche Muster der Belohnungsorte, um das Umkreisen des Kegels zu bestärken.

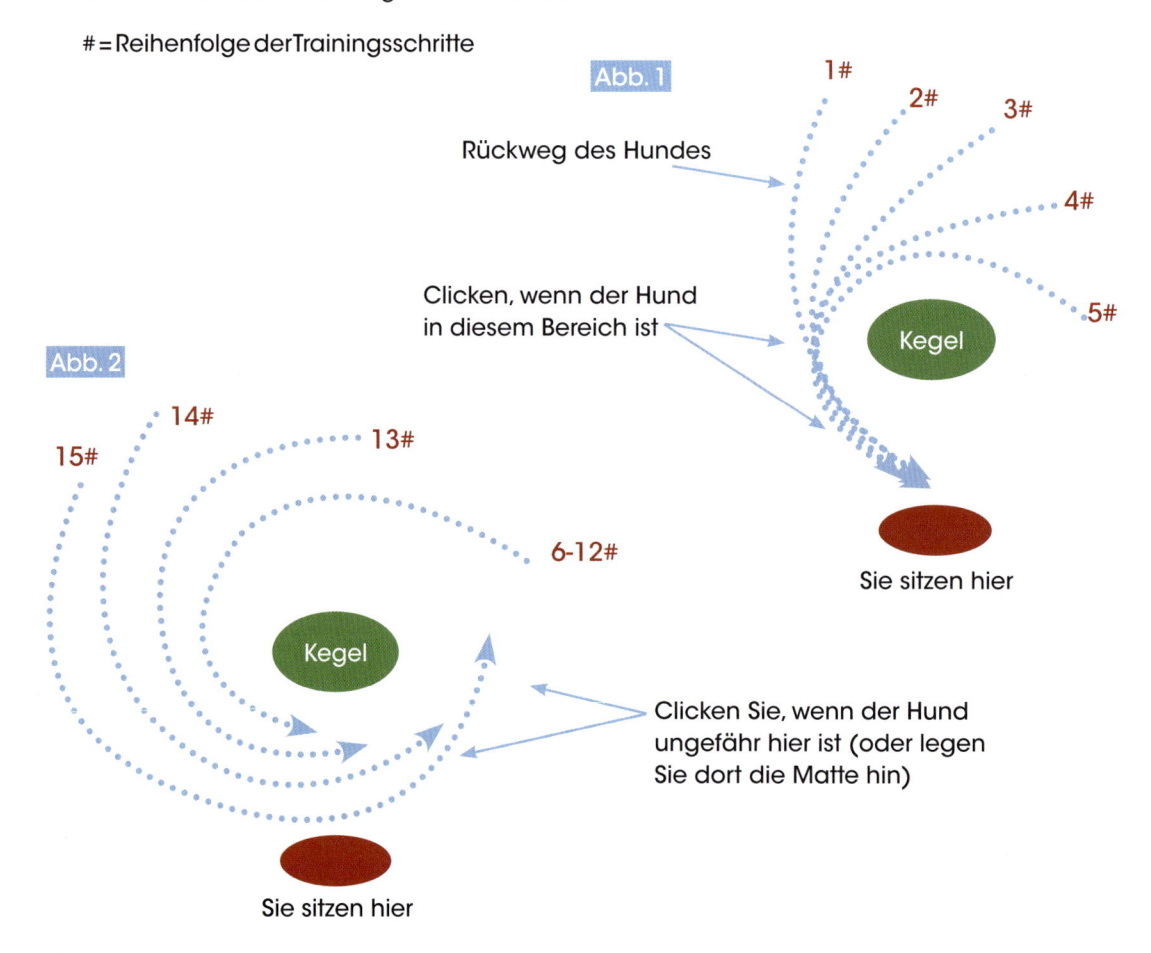

\# = Reihenfolge der Trainingsschritte

Abb. 1

1#
2#
3#
4#
5#

Rückweg des Hundes

Clicken, wenn der Hund in diesem Bereich ist

Kegel

Sie sitzen hier

Abb. 2

15#
14#
13#
6-12#

Kegel

Clicken Sie, wenn der Hund ungefähr hier ist (oder legen Sie dort die Matte hin)

Sie sitzen hier

Schritt für Schritt wird das immer weitere Umrunden des Kegels geformt.

Hier wurde der Target-Kegel erhöht in eine andere Position gestellt, um das Generalisieren zu fördern.

Spiel 3.8 Target: Augen

Übung für: Selbstkontrolle, winzigste Bewegungen, Selbstbewusstsein

Benötigte Vorkenntnisse: Halten einer Position (Bleib).

Sie benötigen: Eine Taschenlampe oder eine am Ende eines Targetstabes befestigte Feder.

Dieser Target wird den Hund lehren, einen bestimmten Target anzusehen und dieses Verhalten über längere Zeit beizubehalten. Am einfachsten kommt man zu diesem Verhalten, wenn man etwas am Ende eines Targetstabs befestigt, das sich bei der leichtesten Bewegung des Stabes bewegt – oder durch Verwendung eines blinkenden Lichts.

Trainingsschritte	Sie clicken	Ort der Belohnung
1. Setzen Sie den Hund auf eine »Station«, zum Beispiel auf einen kleinen Hocker, eine Box oder eine Matte. Knipsen Sie das Licht an oder wedeln Sie mit der Feder, bis der Hund hinschaut.	Ansehen des Targets.	So, dass der Hund »auf Station« bleibt.
2. Bewegen Sie das Licht/die Feder recht stark, damit der Hund darauf konzentriert bleibt.	Für längeres Ansehen.	So, dass der Hund »auf Station« bleibt.
3. Verringern Sie langsam die Bewegung, bis der Blick oder das Anzeigen gehalten wird.	Für längeres Ansehen und Anzeigen.	So, dass der Hund »auf Station« bleibt.

Das Verhalten kann auf neue Objekte übertragen werden. Das ist nützlich beim Fotografieren, Anzeigen einer Person oder beim Werfen von Objekten.

Spiel 3.9 Target: Kinn

Übung für: Bewegung des Kopfes, Entspannte Haltung

Benötigte Vorkenntnisse: Liegen (6.2 Seite 127)

Sie benötigen: Eine Kinnmatte.

Dieses ist eine nützliche Übung, die man mit einer Matte oder der Handfläche übt. Die Objekte brauchen nur so groß zu sein wie die Kinnpartie des Hundes. Ein kleingeschnittenes Mauspad ist recht nützlich.

Trainingsschritte	Sie clicken	Ort der Belohnung
1. Legen Sie die Matte an die Position, an der der Hund aus dem Liegen seinen Kopf ablegen wird.	Berührung mit der Matte	Im Liegen, aber mit dem Kopf auf dem Kinn liegend.
2. Wenn das gut klappt, legen Sie die Matte auf einen Stuhl oder in Ihre Handfläche und üben es auch im Stehen ein.	Berührung mit der Matte	Im Liegen, aber mit dem Kopf auf dem Kinn liegend.

Diese Übung ist eine gute Basis für Pflegemaßnahmen oder dafür, dass sich der Hund bei Hundeausstellungen gut das Gesicht untersuchen lässt.

Spiel 3.10 Target: Buch

Übung für: Kleine Bewegungen, hohes Maß an Körperbewusstsein, sehr gutes Gleichgewicht.

Benötigte Vorkenntnisse: Gute Balance im Stehen, Verständnis von Targets, die sich außerhalb des Sichtfeldes befinden.

Sie benötigen: Flachen Stein, niedrige Treppenstufe, Buch

Diese Übung erfordert ein hohes Maß an Körperbewusstsein und fördert das Erinnerungsvermögen.
- Der Hund lernt, sich auf einen unsensiblen Teil des Körpers zu konzentrieren.
- Der Hund lernt, sich auch in schwierigen Haltungen auszubalancieren und auch kleine Bewegungen zu kontrollieren.
- Dies ist für manche Hunde eine schwierige Übung. Bewegungen der Hinterbeine und -pfoten erfordern ein hohes Maß an Körperbewusstsein.

Trainingsschritte	Sie clicken	Ort der Belohnung
1. Platzieren Sie den Target dicht hinter oder neben eine Hinterpfote Ihres stehenden Hundes.	Anfangs jegliche Berührung.	Zurück in die Anfangsposition.
Formen Sie zunächst eine unruhige Steh-Position und achten Sie darauf, in welche Richtung sich die Hinterbeine am häufigsten bewegen. Das kann rückwärts oder seitwärts sein. Legen Sie das Hinterpfotentarget dahin, wo sich die Pfote am wahrscheinlichsten hinbewegt.		
2. Steigern der Berührung des Targets, bis die ganze Pfote aufgesetzt wird.	Zielgerichtete Berührung.	Zurück in die Anfangsposition.
3. Legen Sie den Target neu aus, um die gewünschte Bewegung zu erzielen.	Zuverlässige Berührung.	Zurück in die Anfangsposition.

Variationen

Beide Pfoten gleichzeitig. Legen Sie beide Targets aus, um das gewünschte Verhalten auszulösen.

Virginia Broitman hat mit ihrem Zwergpinscher sehr erfolgreich gezeigt, dass der Hund Hinterpfotentargets erlernen kann. Und wenn man diese an einer Wand befestigt, kann er lernen, einen Handstand zu machen (auf den Vorderpfoten stehen), mit den Hinterpfoten an der Wand abgestützt. Sehr cool!

Um einzuüben, dass er ein Bein wie zum Urinieren anhebt, platzieren Sie den Target seitlich erhöht neben den Hund. Achten Sie dabei darauf, dass der Hund sein Gewicht nach vorne verlagert und den Kopf senkt.

Ein Kratzen am Nacken kann man ebenfalls mit einem Hinterpfotentarget aufbauen. Befestigen Sie den Target an einem Stab. Lassen Sie den Hund dann aus dem Liegen mit abgekippter Hüfte den Target mit der Hinterpfote berühren und nähern Sie den Target schrittweise dem Hals an. Sobald er es im Liegen kann, können Sie es auch im Sitzen und Stehen üben.

Das Wortsignal einführen

Ein Wortsignal ist wichtig für dieses Verhalten und wird verhindern, dass sich der Hund auf der Suche nach einem Target umdreht.

Spiel 3.11 Target: Gehe von Punkt A nach Punkt B

Übung für: Kontrollierte Aufmerksamkeit, Bewegung zum Target, Wechseln zwischen verschiedenen Targets.

Benötige Vorkenntnisse: Pfoten auf die Matte (3.4 Seite 44).

Sie benötigen: Zwei Matten oder Objekte oder zwei Trainer, Person A und Person B.

In diesem Spiel lernt der Hund, sich von einem Target zu einem anderen zu bewegen. Die Targets können entweder zwei Matten, Objekte oder Menschen sein.
Wenn sich der Hund sicher und flüssig hin und her bewegt, können andere Verhalten »auf der Strecke« zwischen den Targets eingefügt werden wie ein Sprung oder kleine Hindernisse. Man kann es auch als Rückrufübung von einem Menschen zum anderen nutzen.

Trainingsschritte	Sie clicken	Ort der Belohnung
1. Zwei Trainer, jeder mit Leckerchen und Clicker, die ca. zwei m voneinander entfernt stehen. Bauen Sie ein Hin- und Herlaufen auf, aber vermeiden Sie es, den Hund von einer Person zur anderen zu locken.	Kontaktaufnahme mit der Person, ins Gesicht auf die Hände oder nach Futter schauen.	Werfen Sie es in die Nähe der Füße der anderen Person. Person A wirft es zu Person B und umgekehrt.
2. Wechseln Sie den Ort der Belohnung. Jetzt bekommt er das Leckerchen vor der Person, die ihn gerade für die Kontaktaufnahme geclickt hat. Jetzt muss der Hund sich also von der einen Person (A) abwenden und sich auf die andere Person (B) zubewegen, die ihn dann clickt und belohnt.	Abwenden von Person (A) und Ansehen der anderen Person (B).	Bei der zweiten Person (B).
3. Arbeiten Sie an der flüssigen Bewegung von einer Person zur anderen. Der Hund sollte anfangen und eventuell schon loslaufen, während er noch frisst. Je nach Trainingsstand können sich die beiden Trainer schrittweise voneinander entfernen.	Die andere Person ansehen.	Bei der anderen Person.
4. Das Timing des Clicks kann dann verändert werden, um an neuen Kriterien zu arbeiten. Zum Beispiel daran, dass der Hund sich schneller bewegt, oder an der Steigerung der Distanz.	Der Hund leitet das neue Verhalten von alleine ein (zur anderen Person laufen).	Bei der anderen Person.

Variationen

Ein Trainer, zwei Matten

Das Gleiche kann auch mit nur einem Trainer und zwei Targetmatten trainiert werden. Das Futter wird an der Targetmatte gegeben, auf der der Hund sich gerade befindet. Dann geht der Trainer zur anderen Targetmatte und wartet, dass der Hund folgt. Bei dieser Variation wird der Hund für das Ankommen belohnt, nicht für das Ansehen.
Das Signal, auf die andere Matte zu laufen, ist die Körpersprache des Trainers. Der Hund lernt zu antizipieren und versteht, dass er zu der Matte laufen soll, die der Trainer ansieht. Das Verhalten kann man sozusagen auf Endlosschleife setzen, d.h. wenn der Hund den einen Target erreicht hat, setzt er sich automatisch in Richtung des anderen in

Bewegung. (Wenn Sie dem Hund beibringen möchten, eine Position auf einem Target zu halten, verwenden Sie für dieses Endlosschleifen-Targetwechsel-Verhalten andere Targets.) Man kann auch ein verbales Signal einführen.
Bei beiden Strategien ist es egal, wo der Trainer steht, während der Hund zum Beispiel über Hindernisse läuft, etc. und es ist unabhängig von der Körpersprache des Trainers.

Neben dem Hundeführer herrennen – zwei neue Trainer
Wenn das Ziel des Hundeführers ist, schnell neben dem Hund herrennen zu können, sollten für das Laufen von A nach B zwei neue Trainer eingesetzt werden anstatt dass einer der Trainer später zum Hundeführer wird.

Rundum-Rückruf
Hiermit kann der Hund Rückruf auf Namen üben. Dazu stellt sich eine Gruppe von Personen mit ca. vier Metern Abstand in einem Kreis auf. Nachdem der Hund gelernt hat, jeweils zu der Person zu laufen, die seinen Namen gesagt hat, kann ein »Komm«-Signal eingeführt werden.

Auf einen Richter zulaufen
Mit der gleichen Technik kann man daran arbeiten, dass der Hund auf eine Person zuläuft, während er von seinem Halter an der Leine geführt wird. Hierbei kann sich der Hund auf eine Target-Person konzentrieren, was ideal für Ausstellungen ist.

Führen Sie das Signal ein
Der Hundename kann dem Abwenden vorangestellt werden, wenn das Verhalten flüssig ist.

Spiel 3.12 Target: Kombinationen

Übung für: Komplexe Verhalten, laterales Denken.
Targets sind unsere gemeinsame Sprache mit dem Hund. Wenn jeder Target sorgfältig aufgebaut wurde und der Hund sie versteht, kann man anfangen, Targets und Verhalten zu »Sätzen« zusammenzubauen.

Mögliche Kombinationen:
1. Bringe diesen Gegenstand zu jenem Ort
    - Räume Dein Spielzeug auf
    - Leg es in den Korb, bring den Korb hierher

2. Ziehe an diesem Target
    - Öffne die Schublade
    - Bring mir den Gegenstand aus der Schublade
    - Läute die Glocke, wenn Du hinaus musst

3. Drücke Deine Nase gegen den Target
    - Schließe die Tür, die Schublade, den Schrank

4. Geh rückwärts mit diesem Gegenstand in Deinem Maul
    - Schalte das Licht an, zieh meine Socke aus

5. Lauf über die Bodentargets
    - im Kreis
    - über die Hindernisse

6. Suche die Umgebung um das Ende des Targetstabs ab, suche nach dieser Substanz und zeige sie an

7. Bring diesen Gegenstand zu einer bestimmten Person
    - Bring die Post

8. Berühre eine bestimmte Person mit der Pfote
    - Wo ist der Papa, der Tee ist fertig

9. »Darf ich vorstellen«
    - Schau diese Person an, gib das Pfötchen

10. Fußarbeit
    - Trabe dicht neben mir her

11. Geh in die Box, sitz, winke mit der linken Pfote
    - Box, Sitz, linke Pfote

4 Bewegungsspiele

Wir alle wissen, wie wichtig Sport für einen gesunden Lebensstil und ein langes Leben ist. Es hat Zeiten gegeben, in denen es ausreichte, mit dem Hund eine Runde spazieren zu gehen, um ihn auszulasten und es uns zu ermöglichen, unseren vielfältigen Aufgaben nachzukommen. Das funktioniert aber nur kurzfristig, denn je fitter der Hund ist, desto mehr Auslastung braucht er.

Ein durchschnittlicher Hund braucht tägliche Auslastung. Tatsächlich wissen die Halter vielleicht besser über das Bewegungsbedürfnis ihres Hundes Bescheid als über ihr eigenes. Die meisten Hunde brauchen regelmäßige und herausfordernde Aktivitäten, um bei guter Gesundheit zu bleiben. Für Sport- oder Arbeitshunde liegt es in unserer Verantwortung, nicht nur die nötigen Fähigkeiten zu entwickeln, sondern auch die Fitness, um den Aufbau der für diese Aktivität benötigten Muskeln zu fördern und Verletzungen oder vorzeitiges Altern zu verhindern.

Ich selbst begann 1996, mit meinen Hunden Dogdance und Freestyle zu betreiben. Die Hunde hatten damals schon einen Hintergrund in Obedience, Hütearbeit, Suchhundearbeit und als »normale« Haushunde.

Über die Jahre haben wir uns ein Repertoire verschiedener Freestyle-Figuren erarbeitet wie Drehungen, Wendungen, durch die Beine schlängeln, rückwärts gehen, Männchen, seitwärts gehen, versammelter Trab, Pfotenarbeit etc.

Fußarbeit findet sowohl auf der rechten als auch auf der linken Seite statt.

Es wurde schnell klar, dass die Hunde noch nicht genügend Flexibilität oder Balance für diese Bewegungen hatten, obwohl sie »fit« waren (d.h. sie konnten hinter Bällen, Vögeln oder Schafen herrennen, Wanderungen unternehmen und sowohl bei kaltem als auch heißem Wetter arbeiten). Die Fußarbeit auf der anderen Seite war den Hunden noch sehr ungewohnt, und mir auch!

Über die Jahre habe ich deshalb eine Reihe von Übungen entwickelt, die flüssige, ausbalancierte Bewegungen fördern. Sie sind frei von ruckartigen Bewegungen und Stress, bauen schrittweise Kraft auf und führten dazu, dass meine jetzigen Hunde bis ins hohe Alter fit und beweglich sind. Die Wettkampfhunde haben viel mehr Energie und eine bessere Ausdauer, können bis ins hohe Alter an Wettkämpfen teilnehmen und meine Gordon Setter sind dafür, dass sie einer großen Rasse angehören, besonders beweglich.

Keine der Bewegungen ist unnatürlich. Sie sind alle Bestandteil der normalen Welpenentwicklung, oft in Vorbereitung auf die Gelegenheit für Sex. Wenn Hunde flirten, vollführen sie einige extreme Bewegungen, um Interesse hervorzurufen oder um ihre besonderen Fähigkeiten zu demonstrieren (ein Vergleich mit dem, was man auf Disco-Tanzflächen zu sehen bekommt, ist durchaus erlaubt).

Arten von Fitness und Bewegung

Es gibt zwei Arten von Bewegung: Aerob und anaerob.

Aerobe Bewegung trainiert und fördert die kardiovaskuläre Ausdauer: Das Herz wird gestärkt, das Lungenvolumen verbessert und das Körpergewicht kontrolliert.

Aerobe Bewegungen für Hunde sind Joggen (Traben oder langsames Galoppieren), über die Felder rennen (Jagen), Fächensuche (in verschiedenen Geschwindigkeiten herumlaufen), Schwimmen, Ball spielen oder Apportieren.

Der Grad der Fitness hängt dabei von der Rasse, dem Gelände, der Temperatur und dem Lebensstil ab. Für die meisten Hunde sind drei bis vier Einheiten pro Woche mit je zehn bis zwanzig Minuten Ausdauertraining gut. Es sollte nie bis zur Erschöpfung oder bei zu heißen Temperaturen trainiert werden.

Während einer aeroben Trainingseinheit vollführen die Hundemuskeln hunderte Wiederholungen in relativ leichter Intensität. Für die Entwicklung von Beweglichkeit und besonderer Muskelspannung ist das jedoch ineffektiv. Das Gelände kann den Grad der Anstrengung beeinflussen, wie zum Beispiel das Rennen in Sanddünen oder Matsch oder über hügeliges Gelände, wobei die beanspruchten Muskeln, wie zum Beispiel die Oberschenkelmuskeln, dicker und härter werden.

Anaerobes Training konzentriert sich auf bestimmte Muskeln und ihre Größe, Ausdauer und Stärke. Gewichtheben und Widerstandstraining sind Beispiele für menschliches anaerobes Training. Dieser Bereich eignet sich für Leistungssport- und Arbeitshunde, bei denen spezielle Trainingspläne erarbeitet werden sollten, um die benötigten Muskeln aufzubauen.

Stretching kann die Beweglichkeit erheblich verbessern. Es ist ideal, um die Beweglichkeit, von jungen Hunden über ihr gesamtes Leben aufrechtzuerhalten.

Flexibilität wird definiert als die Bewegungsreichweite eines bestimmten Gelenks und dessen umgebendem Muskelgewebe. Stretching und Flexibilitäts-Übungen können dabei helfen, die normale Beweglichkeit eines Gelenks wiederherzustellen.

Muskuläre Fitness ist eine Kombination von Stärke, Ausdauer und Flexibilität.

Trainingsprogramme

Ein ausgewogenes Programm umfasst eine Aufwärmphase zu Beginn, passende Übungen zur Erhaltung der Flexibilität oder zur Stärkung bestimmter Muskelgruppen sowie eine Abkühlphase zum Abschluss. Dies wird ergänzt durch drei oder vier regelmäßige Spaziergänge im aeroben Bereich pro Woche auf unterschiedlichen Untergründen.

1. Aufwärmen/Abkühlen

Beginnen Sie das umfassende Aufwärmen durch drei- bis vierminütiges leichtes Traben. Beim langsamen Aufwärmen erhöhen sich Herzfrequenz und Blutdruck, die Muskeln, Sehnen und Bänder erwärmen sich. Stretching ohne Aufwärmphase kann zu Muskelverletzungen führen. Das Abkühlen ist eine langsamere Version des Aufwärmens – lassen Sie den Hund einige alltägliche Übungen machen.

2. Alltägliche Übungen

Lassen Sie einige alltägliche Übungen folgen, um die Blutzirkulation zu den großen Muskelgruppen zu maximieren.

3. Sportübungen

Gehen Sie dann zu Übungen über, die das später im jeweiligen Sport Verlangte nachahmen, wie zum Beispiel ein langsamer Kreis für Freestyle oder ein niedriger Sprung für Agility und bringen Sie den Hund dann dazu, seine Muskeln zu dehnen, indem Sie ihn gegen einen Widerstand arbeiten lassen.

Für Kreise und Drehungen halten Sie den Hundekörper in einer gebogenen Haltung, jeweils in beide Richtungen. Strecken Sie die Ellenbogen für Sprünge – stützen Sie den Hund dabei ab. Halten Sie jede Position für fünf bis fünfzehn Sekunden.

Dann führen Sie die gewählten Sportübungen durch, die Kraft und Ausdauer entwickeln und schließen Sie das Ganze mit der Abkühlphase ab.

Flexigility

Dieses Programm habe ich für junge Hunde entworfen, solche mit sozialen Defiziten, die sich von Verletzungen erholen oder andere körperliche Mängel ausgleichen müssen. Gordon Setter haben zum Beispiel den Ruf, eine schlechte Körperwahrnehmung zu besitzen. Sie laufen gegen Möbel, auf Spaziergängen kollidieren sie miteinander oder mit mir und sie springen sogar beim Anspringen manchmal daneben. Das macht ihren Charme aus, aber wenn man besondere Aufmerksamkeit darauf richtet, ihre Körperwahrnehmung durch Flexigility zu trainieren, kann sie sich enorm verbessern.

Mit einer Reihe von niedrigen Stegen und anderen Dingen lernt der Hund, seine Pfoten kontrolliert zu setzen, zu sitzen, Platz zu machen, sich umzudrehen und rückwärts zu gehen. Für einen neun Monate alten Gordon Setterrüden ist das eine riesige Herausforderung. Der Steg ist gerade so breit wie seine Schrittweite. Auf dem Boden kann er sich setzen und hinlegen, wie er mag und sich beim Umdrehen so viel Platz nehmen, wie es geht. Wenn man diese Übungen auf Stegen ausführen lässt, ist der Hund gezwungen, besser zu kontrollieren, wie seine Muskeln diese alltäglische Bewegungen ausführen.

Es hat sich als sehr vorteilhaft erwiesen, alle möglichen Arten von Bewegungen zu erlernen. Den Hunden wird ihr eigener Körper bewusster und sie können ihn kontrollierter bewegen. Viele der Hunde in unseren Gruppenstunden, die Kommunikationsprobleme mit anderen Hunden haben und Nähe von fremden Hunden beängstigend finden, haben auch Schwierigkeiten, Flexigility-Übungen auszuführen. Diese häufig sehr verkrampften Hunde lernen derartige Übungen meistens zu lieben und fangen an, gute Erfahrungen mit anderen Hunden zu machen.

Durch Flexigility machen Hunde oftmals ganz neue körperliche Erfahrungen. Dabei werden unterschiedliche, wippende oder rutschende Untergründe benutzt, verschiedene Neigungen und verschiedene Oberflächenbeschaffenheiten, die Koordination und Balance erfordern und die Flexibilität für zukünftige unbekannte Erlebnisse fördern. Dabei wird die Fähigkeit trainiert, sich schnell auf neue Gegebenheiten einstellen zu können.

Stege zur Förderung des Körperbewusstseins: Flexigility

Gesunder Menschenverstand

Bei allen Bewegungsübungen müssen Sie Ihren gesunden Menschenverstand einsetzen. Wann immer es möglich ist, halten Sie Körperkontakt zum Hund, damit Sie die Anspannung spüren können und ob sich Unwohlsein aufbaut oder nicht. Beobachten Sie das Gesicht des Hundes auf kleinste Anzeichen von Schmerz oder Bewegungsunlust. Wenn Sie den Hund körperlich anfassen, ihn locken oder motivieren, seine Grenzen zu überschreiten, müssen Sie im Aufbau besonders langsam und vorsichtig vorgehen. Manche Hunde würden für ein Leckerchen oder Spielzeug alles tun, auch ihre eigenen Schmerzen ignorieren. Wenn man dem Hund die Entscheidungsfreiheit überlässt, welche Bewegungen er ausführen will, kann er eventuelles Unbehagen oder Anstrengung zeigen und sich entscheiden, nach einigen Wiederholungen aufzuhören.

Vermeiden Sie es, zu energisch zu ziehen, zu dehnen, bis es weh tut oder die Stretchposition zu lange zu halten. Stretchen sollte sich gut anfühlen. Der Hund sollte entspannt und vertrauensvoll sein. Idealerweise fangen Sie die Stretchingpositionen ein, die der Hund nach dem Aufwachen ausführt – die Spielverbeugung, den Rücken zu biegen, den Kopf und den Nacken hin und her zu drehen, beide Beine nach hinten wegzustrecken, abschütteln, Schwanz heben – und seien Sie auch auf Entspannungen und Dehnungen des Darms gefasst. Puuuuuh!

Bewegungen trainieren

Für Hunde ist es sehr viel einfacher, eine Bewegung zu lernen, als »keine Bewegung«. 95 % dessen, was wir mit dem Clicker lehren, ist eine Aktion, und Aktionen werden durch Muskeln kontrolliert.

Das kann variieren von
- einer ganzen Muskelgruppe, wie bei »Platz« aus dem Stand, bei dem alle Beingelenke gebeugt und vielleicht der Kopf gesenkt werden
- einer einzelnen Muskelbewegung, wie bei einer Kopfdrehung oder einem Schwanzwedeln
- der Wiederholung von Bewegungen, um Flexibilität oder Geläufigkeit zu entwickeln
- einer aufrechterhaltenen Bewegung, wie mit der Pfote gegen ein Target zu drücken oder »Spanischen Trab«, der hundlichen Entsprechung unseres Gewichthebens zum Aufbau von Kraft

bis zur
- Entspannung von Muskelverspannungen.

Die Herausforderung an uns ist es, diese besonderen »Versammlungen« einzufangen und erfolgreich mit dem Hund zu kommunizieren.

Bewegungen können geschickt dazu genutzt werden, um die Lebensqualität des Hundes zu verbessern. Die Wahlfreiheit, die das Clickertraining mit sich bringt, stellt dabei sicher, dass der Hund nur solche Verhalten anbietet, bei denen er sich sicher und wohl fühlt.

66

Bewegungen entwickeln sich ständig weiter

Bewegungen bleiben nie genau gleich. Anfangs ist die Bewegung kontrolliert, tastend und langsam, bis dem Schüler klar ist, was genau er machen soll. Mit einem gewissen Maß an Übung wird die Bewegung immer flüssiger. Damit entwickelt sich auch die Kraft und die Muskeln erreichen ihre volle Kontraktionsfähigkeit. Durch anhaltende Dauer wird die betreffende Muskelgruppe stärker werden und sich akzentuierter bewegen. Mit Widerstand entwickeln sich Kraft und die unterstützenden Muskeln. Wenn wir Bewegungen üben, liegt es in ihrer Natur, sich zu verändern. Je nachdem, welche Phase wir aufrechterhalten wollen, müssen wir unser Training genau darauf konzentrieren.

Zum Beispiel: Ich möchte, dass der Hund bei Fuß trabt. Der Hund ist dicht neben mir und trabt rhythmisch mit leicht übertriebenen Bewegungen. Der Kopf ist angehoben und der Vortrieb kommt aus den Hinterbeinen. Man benötigt viele Monate wiederholten Trainings, um die Muskeln zu entwickeln, die nötig sind, um diese Bewegung länger als ein paar Schritte durchhalten zu können. Ich entwickele eine ganze Reihe von Übungen, um diese Muskeln aufzubauen, bevor ich das auch nur irgendwie mit der Fußposition verknüpfe. Ich benutze nicht die Fußposition, um Muskelkraft zu trainieren.

Während des Trainings wird es nicht ausbleiben, dass es gelegentliche Verwirrung gibt – durch mögliches Unbehagen oder vielleicht hohe Erregung bei Sportveranstaltungen. Ich möchte diese Emotionen möglichst nicht mit der Fußposition verknüpfen. Erst wenn die Bewegung frei und ohne Anstrengung ausgeführt werden kann, kombiniere ich sie mit den technischen Fähigkeiten, lehre sie in langsamem Tempo in der Fußposition, und wie der Hund diese findet: Ein wenig seitwärts bewegen, ein Stückchen vorgehen, ein Stückchen zurückgehen, eine Kurve gehen und sich drehen.

Im anderen Extrem verwende ich enge Kreise auf der Stelle als Figur beim Freestyle und um die Beweglichkeit der Wirbelsäule aufrechtzuerhalten.

Ich möchte, dass sich diese Bewegung über einen bestimmten Punkt hinaus entwickelt. Wenn sich die Geschwindigkeit der Bewegung erhöht, verliert die Drehung etwas an Kontrolle. Entweder verliert der Hund die Position oder er wird anfangen, sich um seine Schulter zu drehen.

Bewegung ist niemals statisch

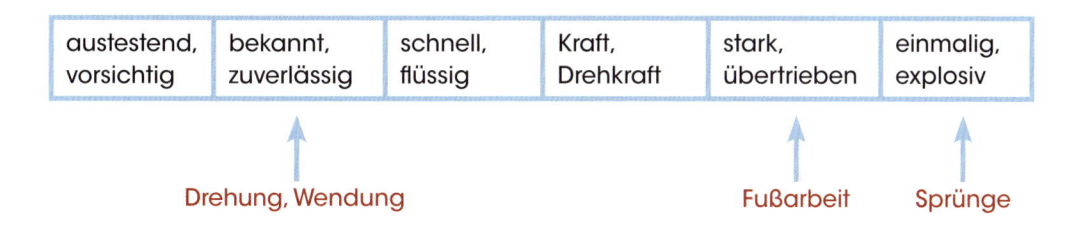

austestend, vorsichtig	bekannt, zuverlässig	schnell, flüssig	Kraft, Drehkraft	stark, übertrieben	einmalig, explosiv

Drehung, Wendung — Fußarbeit — Sprünge

Border Collies neigen dazu, sich unkontrolliert zu drehen, wenn sie frustriert sind. In der Praxis üben wir diese Bewegung langsam an einem Targetstab oder mit räumlichen Begrenzungen, damit die Form gehalten wird.

Lehren Sie »versammelte« Bewegungen

Durch ein fachkundig aufgebautes Sportprogramm werden Verletzungen und frühzeitiges Altern vermieden. Viele sehr aktive Hunde müssen vor ihren eigenen Launen geschützt werden. Sie würden vielleicht immer weiter Ball spielen wollen, ohne darauf zu achten, dass gezerrte Muskeln nach Ruhe verlangen. Wir können aus menschlichen Sportarten und von Leistungssportlern viel darüber lernen, wie Athleten und Tänzer durch die richtigen Bewegungen und regelmäßiges Training die grundlegende Kontrolle und Kraft aufbauen und erhalten. Wenn Sie mit dem Hund eine Bewegung trainieren, planen Sie die Entwicklung sorgfältig und versuchen Sie, die Bewegung als langsame Version des Endprodukts zu lehren und nicht isolierte Bewegungen, die man zusammenbaut, wenn die einzelnen gelernt sind.

Tänzer lernen langsame, synchrone Bewegungen mit ihren Armen und Beinen gleichzeitig. Sie lernen, nicht nur die Füße oder nur die Hände zu bewegen. Das Gehirn und die Nervenbahnen werden die Anweisungen für das gesamte Verhalten »sammeln« und sie während der Lernphase effektiver abspeichern, als wenn sie einzeln gelernt werden, und man sie erst später miteinander verknüpft. Es liegt in der Natur des Lernens, dass man unter Stress auf die Lernphasen-Version zurückfällt.

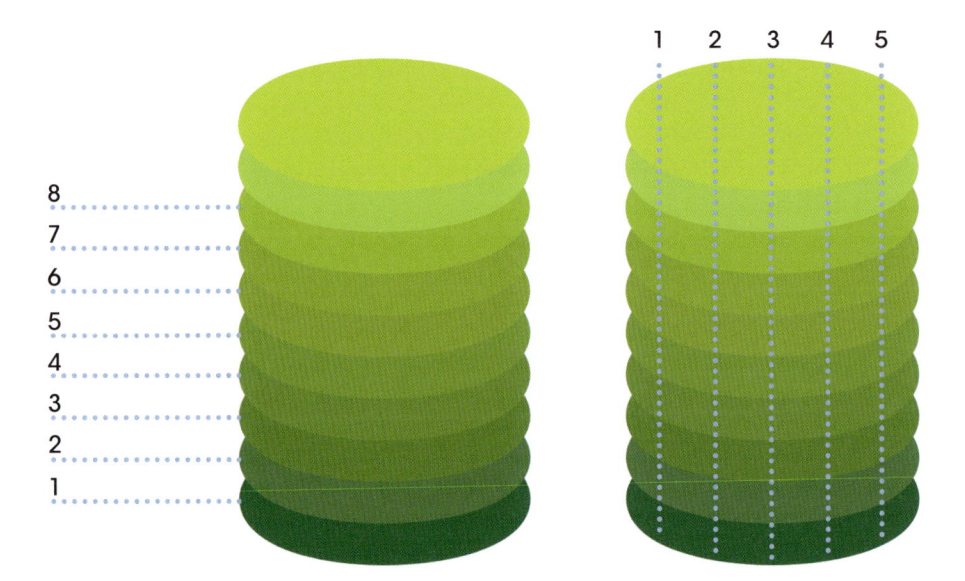

Clickertraining lehrt ein Verhalten zur Zeit, eine Ebene nach der anderen.

Beim Bewegungstraining arbeitet man an langsamen Versionen des gesamten Verhaltens über alle Ebenen hinweg.

Das ist so ziemlich das Gegenteil der üblichen Clickertrainingsstrategie, wo kleine Verhalten in winzige Bestandteile zerlegt und gelehrt werden. Aber wo mehrere Muskelgruppen gleichzeitig eingesetzt werden sollen, sollten Sie sie schon in der Lernphase zusammenfassen.

Übungsprogramme

Definitionen und Einteilung in Altersgruppen

Es ist unmöglich, allein aufgrund des Alters des Hundes die richtigen Übungseinheiten zu bestimmen. Die größeren Rassen entwickeln sich langsamer und altern dafür auch schneller als kleinere Rassen.

Welpengruppe: Welpen, die körperlich in der Lage sind, umherzulaufen, herumzurollen, mit Geschwistern zu spielen, zu zergeln, und von einer stehenden Mutter zu trinken. Hunde dieser Altersgruppe nehmen wöchentlich sichtbar an Größe zu. Bei Border Collies endet diese Periode ungefähr mit sieben Monaten, bei Settern mit zehn Monaten. Welpen haben noch nicht die erforderliche Muskelkraft für irgendwelche länger andauernden Aktivitäten, egal welcher Art. Das Übungsprogramm muss daher ausgewogen sein und aus vorsichtiger Gymnastik bestehen, die auf Spiel beruht.

Mit dem Welpen »Sitz« zu üben, ist natürlich für seine Kontrolle notwendig, aber aufgrund der unentwickelten Muskeln und Gelenke sitzen Welpen häufig schlabberig. Das möchten wir nicht bis ins Erwachsenenalter mitnehmen. Durch »Alltags-Sitz« Übungen werden die richtigen Muskeln entwickelt, die für ein straffes, gerades Sitz benötigt werden, das schnell und ausdauernd ausgeführt werden kann.

Junghundegruppe: Hunde, die Bewegungen kontrolliert ausführen, über kurze Distanzen traben, ein ausbalanciertes Sitz (nicht schlabberig). Das Höhenwachstum ist nur noch minimal, das Knochenwachstum wird abgeschlossen, Brust, Schädel etc. werden breiter. Bei Border Collies liegt diese Periode bei ca. vierzehn Monaten, bei Settern um die achtzehn Monate. Hunde in dieser Altersgruppe sehen aus wie Erwachsene und möchten wie Erwachsene beschäftigt werden, haben aber einen »weichen«, noch unfertigen erwachsenen Körper. Sie sollten noch nicht den Belastungen ausgesetzt werden, denen ein ausgewachsener Körper gewachsen ist. Das heißt: Keine exzessiven aeroben oder anaeroben Übungen.

Erwachsenengruppe: Die volle Fitness wird erreicht, Spaß an regelmäßigen Aktivitäten. Möchten gerne noch mehr Bewegung auch nach dreißig Minuten rennen im Freilauf. Bei Border Collies endet diese Periode etwa mit zehn Jahren, bei Settern mit neun.

Ältere oder sich von Verletzungen erholende Hunde: Die Hunde werden langsamer – waren sie vormals auf Spaziergängen mit vollem Energieeinsatz unterwegs, gehen sie jetzt eher nebenher anstatt vorauszurennen. Sie können beim Aufstehen nach einem Training etwas steif sein, mögen nicht mehr so gerne springen. Diese Periode endet bei den Border Collies etwa mit dreizehn Jahren, bei den Settern mit elf Jahren.

Wie bei der Junghundegruppe haben Hunde dieser Altersgruppe vielleicht mehr Bewegungsdrang, als gesund ist und müssen davor bewahrt werden, sich zu überanstrengen.

Rentnergruppe: Diese Hunde möchten gerne noch, aber der Körper baut definitiv ab. Lange Spaziergänge machen keinen Spaß mehr. Viele Stunden werden schlafend verbracht. Möglicherweise lassen Gehör und Sehkraft nach, doch wenn die Hunde noch einen gesunden Appetit haben, kann man sie so noch zu Training motivieren. Trainieren Sie immer auf einem weichen Untergrund, auf dem die Hunde sich gut ausbalancieren können und einen festen Stand haben, wie einem dicken Teppich oder Polster. Achten Sie besonders auf die richtige Krallenlänge. Wenn der Hund wegen schlechter Sehkraft ungeschickt nach den Leckerchen schnappt, geben Sie sie ihm wie einem Pferd – von der offenen Handfläche.

Junge Welpen sind verblüffend beweglich. Sie haben scheinbar Gummi-Wirbelsäulen und unglaubliche Federkraft in den Beingelenken. Durch Spielen lernt das Gehirn, sich an bestimmte Bewegungen zu erinnern. Manche dieser Bewegungen werden vielleicht nie abgerufen, aber trotzdem übt ein junger Hund sie im Spielen ein. Er übt damit seine Fertigkeiten fürs Kämpfen, das Anschleichen an Beute, Zerreißen von Fleisch, Beutetieren das Genick zu brechen, zu hetzen und Gleichaltrige durch Necken zu motivieren, aber auch Gleichgültigkeit und Entspannungstechniken. Wenn Welpen älter werden, entwickeln sich manche dieser Aktionen zu bestimmten Bewegungen weiter und andere werden aufgegeben. Wenn ein Hund nicht regelmäßig trabt, kann diese Gangart ganz verschwinden. Wenn Sie zum Beispiel einen großen Hund immer an der Leine führen, »schreitet« er neben Ihnen, ohne in Trab zu fallen. Im Freilauf ist der Hund dann vielleicht meistens im Galopp unterwegs oder schleicht sich an Vögel an. Der zügige Trab kann so verloren gehen. Es ist aber eine wichtige Bewegung, die alle Hunde regelmäßig ausführen sollten, um gesund und fit zu bleiben.

Entwerfen Sie einen Trainingsplan mit ausgesuchten Bewegungen, damit der Hund auch im Alter noch beweglich und mobil ist. Das sind keine übertriebenen Bewegungen, sondern eine Zusammenstellung von alltäglichen Aktionen, die aber durch ungünstigen Lebensstil verloren gehen könnten.

	Welpe	Junghund	Erwachsener / Sportler	Älterer	Rentner
Aerobe Übungen	keine	Sanft aufbauend, niemals bis zur Erschöpfung	Für angestrebte allgemeine Fitness / wie für Arbeit oder Sport erforderlich	Soweit angenehm	keine
Anaerobe Übungen	Normales Spiel mit Geschwistern in wechselnden Umgebungen	Kontrolliertes Spiel mit Ebenbürtigen	Mit speziellem Trainingsplan für die Arbeit / Sportart	keine	keine
Stretching	keine	keine	ja	Ja, soweit angenehm	Ja, soweit angenehm
Flexigility	Balance lernen und Erfahrungen mit unbekannten Untergründen machen	Koordination in alltäglichen Bewegungen	Koordination in alltäglichen Bewegungen	Nicht notwendig	keine
Alltägliche Bewegungen	Nur natürlicherweise angebotenes Verhalten	Typische Bewegungen von Junghunden	Bewegungen, die in dem Sport, bei der Arbeit vorkommen	Leichte Bewegungen	Solche, die der Hund angenehm findet

Spiel 4.1 Dehnungen

Übung für: Muskelspannung, Berührungen zulassen, Entspannung.

Dehnungen sind bei der Entwicklung von Muskeln ein wichtiger Bestandteil. Verletzungen durch falsche oder plötzliche Dehnung kann so vorgebeugt werden. Manche Hunde finden manche Aktionen unangenehm. Achten Sie also darauf, alles langsam aufzubauen, auch das Vertrauen des Hundes, dass Ihre Hände ihm kein Unbehagen bereiten werden.
Ideal ist es, gleich mit den noch sehr beweglichen Welpen anzufangen, um den Körper des Hundes kennenzulernen und der Welpe lernt, sich anfassen zu lassen. Drei oder vier Wiederholungen einer Aktion sind ausreichend. Halten Sie jeweils die Dehnung für drei bis fünf Sekunden, sofern der Hund es angenehm findet.

1. Drehen Sie den Kopf Richtung Schulter, um die Nackenmuskeln zu dehnen.
2. Bringen Sie den Kopf an die Schwanzwurzel, um die Schultern und die Rückenmuskeln zu dehnen.
3. Wiederholen Sie jeweils in die andere Richtung.

4. Schieben Sie das Kinn Richtung Hals, um die Nackenmuskeln zu dehnen.
5. Heben Sie den Kopf, Nase senkrecht nach oben, um die Hals- und Brustmuskeln zu dehnen.

6. Eine unterstützte Spielaufforderung dehnt das Becken, den unteren Rücken und die Schultern.

7. Dehnung der Vorder- und Hinterbeine mit Abstützen beim Balancieren.

8. Nicht alle Hunde fühlen sich in der Position wohl, doch rollen Sie den Hund langsam von einer Seite auf die andere, wenn der Rücken durch den Boden gestützt wird.

9. Eine fortgeschrittene Übung, um die Bauch- und Beckenmuskeln zu dehnen. Hier braucht der Hund viel Unterstützung.

Spiel 4.2 Alltägliche Übung: Sitz aus dem Stand

Übung für: Alle Altersgruppen, Mobilität, bewegliche Gelenke, Gelenkkraft.

Benötigte Vorkenntnisse: Sitz auf Signal oder durch Locken.

Sie benötigen: Futter, das den Hund motiviert, aber nicht völlig fixiert.

Alle Hunde sollten leicht in der Lage sein, diese Bewegung auszuführen. Tägliche Wiederholungen sind wegen des Muskelkraft-Aufbaus gut für die Hüftgelenke. Sportübungen können die Geschwindigkeit des Hinsetzens, das Aufstehen und die Genauigkeit der Sitzhaltung deutlich steigern. Hunde mit schlechten Hüftgelenken profitieren durch angemessene, tägliche Wiederholungen.

Natürliches Auftreten

Welpen bis ca. fünf oder sechs Monate setzen sich oftmals je nach Situation mit dem Schwerpunkt eher nach vorne oder hinten verlagert. Wenn ein Welpe sich an einen Zaun setzt, auf dessen anderer Seite spannende Sachen passieren, die er beobachtet, setzt er sich oft nach vorne. So lernt der Hund zum Beispiel, Beute aufmerksam zu beobachten. Hierbei setzt (oder legt) sich der Hund mit minimaler Bewegung des Kopfes, sodass er weiterhin die Beute fixieren kann. Hütehunde beobachten Schafe mit tiefer Kopfhaltung und setzen oder legen sich fast ohne sichtbare Bewegung des Kopfes. Nach hinten setzen Welpen sich, wenn sie über etwas nachdenken, wenn das Gehirn ein neues Geräusch oder eine ungewöhnliche Situation verarbeitet. Sie können beide Arten des Sitz einfach einfangen, indem Sie mit Spielzeug jagdliche Situationen imitieren oder das Nachdenken durch Übungen mit freiem Formen anregen.

Trainingsschritte	Sie clicken	Ort der Belohnung
Junghunde Variante 1. Locken Sie in die jeweils entgegengesetzte Bewegung, d.h. Sitzen aus dem Stehen und ins Stehen aus dem Sitzen. Anfangs kann der Hund sich aussuchen, wie er sich setzen möchte, d.h. rückwärts treten, um sich nach hinten zu setzen oder die Hinterpfoten heranziehen, um sich nach vorne zu setzen.	Für die vollständige Aktion.	In der jeweils geclickten Position, also Stehen oder Sitzen.

Wenn der Hund langsam aufsteht, clicken Sie das Hinsetzen, aber locken mit offener Handfläche zum Stehen. Dadurch wird verhindert, dass sich die Muskeln zu sehr entspannen. Es wird mehr Anspannung in den Gelenken gehalten.

Erwachsenen-Variante

Um das gewünschte Verhalten (entweder das Sitz nach vorne oder nach hinten) zu erzielen, verändern Sie die Position, in die Sie locken. Für die Fußarbeit oder das Vorsitzen ist das Sitz nach vorne zu empfehlen. In ähnlicher Weise kann man auch kontrollieren, ob der Hund beim Aufstehen aus dem Sitz nach vorne tritt (in Hundeausstellungen gewünscht) oder mit den Hinterpfoten nach hinten aufsteht (wie in Obedience-Wettkämpfen erwünscht). Das hängt von der Platzierung der Belohnungsleckerchen ab und dem Locken, welches das Verhalten auslöst.

Sitz nach hinten, Aufstehen nach vorne: Locken Sie mit der Hand über den Kopf und bewegen Sie die Hand gerade über die Hüfte.	Die gewünschte Bewegung.	Nach vorne, damit der Hund nach vorne aufsteht.
Sitz nach vorne, aufstehen nach hinten, locken Sie mit Futter direkt an der Nase und platzieren Sie eine Hand an seinem Hinterkopf, damit er nicht nach hinten ausweicht.	Die gewünschte Bewegung.	Richtung des Brustbeins, damit die Hinterbeine nach hinten wegtreten.

Sportvariante

Der Ausbau der Übungen Sitzen nach vorne/nach hinten und Aufstehen nach vorne/nach hinten stärkt die Hüfte und die Schnelligkeit kann gesteigert werden.
Üben Sie immer nur in den zusammengehörigen Paaren, d.h. Aufstehen nach vorne mit Sitzen nach hinten und Aufstehen nach hinten mit Sitzen nach vorne.

Präzision und Ausdauer beim Sitzen:
Drücken Sie mit der Handfläche leicht gegen die Seite des Hundes, während er sitzt. Clicken Sie den Widerstand und füttern Sie zurück in der mittigen Position.
Beginnen Sie mit Druck in Hüfthöhe und arbeiten Sie sich dann langsam Richtung Schulterhöhe nach oben. Erhöhen Sie den Druck sehr langsam über mehrere Monate und clicken Sie den gesteigerten Widerstand.

Senioren-Variante

Lassen Sie den Hund die Geschwindigkeit wählen. Gestalten Sie es so, dass jede Bewegung erfolgreich ist und belohnt wird.

Das Signal einführen

Alle diese Bewegungen können ihr endgültiges Signal bekommen. Geben Sie für die beiden verschiedenen Sitz- und Stehbewegungen unterschiedliche Signale, also insgesamt vier.

Sitz ist nicht nur eine Körperhaltung, sondern oft der Ausgangspunkt für eine ganze Reihe gänzlich unterschiedlicher Verhalten:

Sitz: während ich einen Gegenstand werfe
Sitz: während ich zum ersten Sprung gehe
Sitz bei Fuß bis es los geht
Sitz: bleib so, während ich dich anleine

Das Wortsignal

»Sitz« kann verwendet werden, aber die Kontextsignale, der Gegenstand, das Sprunghindernis, die Nähe, der Ort wird verdeutlichen, um welche Art von Sitz es sich handelt. Konsequenz und diese vier Signale sind das Geheimnis von zuverlässigem Verhalten.

Spiel 4.3 Alltägliche Übung: Platz aus dem Stand

Übung für: Erwachsene Hunde, Sport, Mobilität, Stärke, Balance.

Benötigte Vorkenntnisse: »Löwen-Platz«.

Sie benötigen: Futter, das den Hund motiviert, aber nicht völlig fixiert.

Diese Bewegung ist das saubere »Herunterklappen« aus dem Stand in das »Löwen-Platz« und das saubere Aufstehen aus dem Platz zum Steh. Alle vier Beine müssen sich dafür gleichzeitig bewegen, damit die Wirbelsäule waagerecht bleibt. Nicht erst setzen und dann nach vorne ins Platz rutschen.

Diese Bewegung erfordert einiges an Kraft und Flexibilität.

Beide Bewegungen können ohne Bewegung der Pfoten ausgeführt werden, wobei alle Gelenke der Beine die Bewegung kontrollieren müssen.

Die meisten Hunde sollten leicht in der Lage sein, diese Bewegung auszuführen, aber manche müssen vielleicht erst einmal in einigen Übungseinheiten die nötige Muskelkraft aufbauen.

Achten Sie auf Anzeichen von Schwäche wie ein plötzliches Hinfallen und ein schnelles Nachlassen der Muskelspannung – Sie werden ein deutliches Aufprallgeräusch hören, wenn der Hund landet.

Erwachsenen-Variante

Trainingsschritte	Sie clicken	Ort der Belohnung
1. Beginnen Sie mit dem Hund in der Löwen- oder Sphinx-Platz-Position. Der Hund muss gerade, mit gleichmäßig ausbalancierten Hüften liegen, mit den Vorderbeinen gerade nach vorne gestreckt. Locken Sie den Hund in den Stand, indem Sie ein Stückchen Futter aus Höhe der Hundenase geradeaus nach vorne und nach oben führen.	Wenn der Hund aufzustehen beginnt.	Wenn er steht.
Es ist leichter, die richtige Bewegung zu sehen, wenn der Hund aus einem Löwen-Platz in einen sauberen Stand aufsteht. Idealerweise sollten sich die Pfoten nicht bewegen. Das bedeutet, dass das Futter von der Nase des im Platz liegenden Hundes in einer diagonalen Linie dorthin gezogen wird, wo die Nase sein wird, wenn er steht. Beobachten Sie die Bewegung genau, wenn der Hund gerade aufsteht und bewegen Sie die Hand genau in der entgegengesetzten Richtung, um den Hund zurück ins Löwen-Platz zu führen. Am leichtesten kann man dieses Verhalten trainieren, wenn man am Boden sitzt und der Hund quer vor einem steht. Alternativ könnte der Hund auch auf einem Tisch stehen.		
2. Beobachten Sie die Bewegung genau, wenn der Hund gerade aufsteht und bewegen Sie die Hand genau in der entgegengesetzten Richtung, um den Hund zurück ins Löwen-Platz zu führen.	Die Bewegung nach hinten/unten.	Im Platz, achten Sie aber darauf, dass die Muskelanspannung nicht verloren geht.

Sportvariante

Wenn man diese Bewegung als Liegestütze übt, kann der Hund viel Kraft aufbauen. Der Hund wird sich schnell und mit Leichtigkeit hinlegen und in der Lage sein, sich direkt aus dem Liegen nach vorne zu bewegen. Der Hund muss die Erwachsenen-Variante flüssig und entspannt zehn Mal in jeder Richtung wiederholen können. Füttern Sie nicht in der Platzposition, dadurch verlieren die Gelenke die nötige Anspannung. Clicken Sie das Platz, wenn die Gelenke angespannt sind, bereit, schnell wieder aufzustehen, um an das Futter zu gelangen.

Um eine starke Gelenkbewegung zu entwickeln, signalisieren Sie das Hinlegen, aber clicken direkt in das Ansatzverhalten und locken direkt mit der Belohnung wieder in den Stand.

Clicken Sie in der Folge immer später, bis der Hund fast auf dem Boden ist. Wiederholen Sie diese extreme Bewegung nicht mehr als fünf Mal und kühlen Sie dann mit der Erwachsenen-Variante ab, wobei Sie den Hund sowohl im Steh als auch im Platz füttern.

Das Signal einführen

Die Bewegung vom Stand ins Liegen wird wahrscheinlich viel schneller ausgeführt als die vom Stand erst ins Sitz und dann ins Platz. Jede Bewegung kann ihr eigenes Signal haben: »Platz« aus dem Stand »Liegen« aus dem Sitzen. Wenn man beide Bewegungen klar auseinander hält, bleibt auch die Reaktion des Hundes präziser.

Spiel 4.4 Alltägliche Übung: Sitz-Männchen

Übung für: Welpen, alte Hunde und Erwachsene, Senioren, Mobilität, Stärkung der Rückenmuskeln, Balance.

Benötigte Vorkenntnisse: Löwen-Platz, Hand-Target.

Sie benötigen: Futter, das den Hund motiviert, aber nicht völlig fixiert.

Dies ist eine ausgezeichnete Bewegung, um die Beckenmuskeln zu straffen und die Rückenmuskeln zu stärken. Welpen unter fünf bis sechs Monaten und alte Hunde sollten die Welpen-Version ausführen.

Trainingsschritte	Sie clicken	Ort der Belohnung
»Männchen« für Welpen Diese Übung schult eine gute Balance der Hüfte und des Rückens und ist eine völlig natürliche Bewegung. Wenn sechs bis acht Wochen alte Welpen bei ihrer stehenden Mutter säugen, stützen sie sich an ihrer Mutter und an sich gegenseitig mit den Vorderpfoten ab. Verwenden Sie ein Leckerchen, um das Verhalten zu imitieren und lassen Sie den Welpen die Pfoten auf Ihrer Hand abstützen.	Das Suchen des Gleichgewichts und später das Halten des Gleichgewichts.	In der »Männchen« Haltung während das Halten des Gleichgewichts gelernt wird. Im Sitzen, um das Verhalten neu zu starten.
»Männchen« mit einem Target 1. Verwenden Sie einen Targetstab, um zu erreichen, dass sich der Hund aus einem geraden, ausbalancierten Sitz aufrichtet, sodass die Vorderpfoten sich vom Boden lösen. Das Target muss dazu oberhalb des Hundekopfes und leicht dahinter gehalten werden. Eine Target-Hand kann die Bewegung behindern, wenn Sie sich zum Beispiel dabei über den Hund beugen.	Sich zu einem Target aufrichten.	Im geraden Sitz.
2. Platzieren Sie den Target weiter nach hinten, aber vermeiden Sie zu viel Höhe, um höheres Aufrichten zu erzielen.	Höheres, aber kontrolliertes Aufrichten.	Im ausbalancierten Sitz.
3. Verwenden Sie den Targetstab, um die Position zu halten. Dehnen Sie die Dauer aus, um Kraft zu trainieren.	Finden des Gleichgewichts.	In der »Männchen«- Position.

»Gib mir fünf«

Bei älteren Hunden, die schon »«Gib mir Fünf« beherrschen, fragen Sie diesen »Pfote auf Hand-Target« im Sitzen ab. Clicken Sie für länger werdende Zeitspannen des Pfotenkontakts mit der Hand. Wenn der Hund dies gut beherrscht, schieben Sie den Hund vorsichtig hinauf in die »Männchen«-Position und halten weiterhin Hand-Pfoten-Kontakt zur Unterstützung.

Bei älteren Hunden oder solchen, die aufgrund ihres Körperbaus Schwierigkeiten haben, diese Position zu halten, behalten Sie die Unterstützung durch die Hand bei, während Sie an der Dauer arbeiten.

Sportvariante

Wenn der Hund die Männchen-Position mit Leichtigkeit halten kann, trainieren Sie dieses Verhalten aus einem »Sphinx-Platz« und auch wieder in diese Haltung zurück. Dadurch wird außergewöhnlich viel Kraft aufgebaut.

Andere Bewegungen mit der Pfote können dem Verhalten hinzugefügt werden, wie über das Gesicht wischen und »Gib mir Fünf«.

Beachten Sie, um wie viel der Kopf des Hundes weiter hinten ist, als in der ursprünglichen Sitzposition. Wenn Sie einen Targetstab verwenden, müssen Sie diesen nach hinten und leicht nach oben bewegen, sonst wird der Hund hochzuspringen versuchen. Beachten Sie auch, wie das Becken nach vorne abgekippt wurde, um den Oberkörper auszubalancieren.

Das Signal einführen

Wenn das Verhalten vollständig ausgearbeitet und stark ist, ersetzen Sie den Targetstab durch das endgültige Signal.

Spiel 4.5 Alltägliche Übung: Platz – Sitz

Übung für: Erwachsene, Sport, Mobilität, Stärkung der Rückenmuskeln, Balance.

Benötigte Vorkenntnisse: Die durch »Männchen« gestärkten Rückenmuskeln.

Sie benötigen: Geeignetes Futter, um den Hund zu motivieren, aber nicht zu fixieren. Targetstab oder Spielzeug.

Beim »Männchen« werden die Rückenmuskeln gestärkt, die auch ein sauberes »Aufspringen« aus dem Platz ins Sitz ermöglichen. Der Körperbau mancher Hunde schränkt die Geschwindigkeit dieser Bewegung ein. Beobachten Sie die natürlichen Bewegungen des Hundes, wenn er in Alltagssituationen aufsteht, ohne dass Sie ein Signal gegeben haben. Regelmäßiges Training dieser Bewegung stärkt die Rückenmuskulatur und beeinflusst die Art der Bewegung.

Trainingsschritte	Sie clicken	Ort der Belohnung
1. Beginnen Sie mit einem Hund in einem sauberen, geraden Sitz. Die Hüften müssen gleichmäßig belastet sein. Bringen Sie ihn über Locken oder ein Target ins Platz. Achten Sie auf Geschwindigkeit und vermeiden Sie, dass er ins Platz »läuft«. Platzieren Sie den Lockpunkt vorwärts und unten an die endgültige Position des Kopfes im Platz.	Den schnellen »Platscher« ins Löwen-Platz.	Locken Sie mit der Belohnung zurück ins Sitz.

Achten Sie darauf, dass der Hund sich in der Platzposition nicht entspannt. Die Muskeln des Hundes müssen angespannt bleiben, damit er sich schnell wieder ins Sitz aufrichten kann.

Variationen

Trainieren Sie Muskelkraft mit Wiederholungen des Ablaufs von Locken, Click und wieder Aufrichten. Noch mehr Kraft kann man dadurch entwickeln, dass man einen besonders starken Motivator nach dem Click einsetzt – zum Beispiel das Futter oder das Spielzeug so wirft, dass der Hund es mit schnellem Aufrichten ins Sitz fangen kann.

Sie clicken:
Den schnellen »Platscher« ins Löwen-Platz.

Ort der Belohnung:
Werfen Sie das Futter oder das Spielzeug, sodass der Hund es im Sitzen fangen kann.

Das Signal einführen
Denken Sie daran, dass die Bewegung ins Sitz aus einem Platz nicht »Sitz« ist. Die Muskelbeanspruchung ist eine ganz andere und erfordert daher ein eigenes Signal.

Spiel 4.6 Alltägliche Übung: Entspanntes Platz

Übung für: Alle Altersgruppen, entspannte Position, Beweglichkeit des Hüftgelenks und der Wirbelsäule.

Benötigte Vorkenntnisse: Platz-Position.

Sie benötigen: Geeignetes Futter, um den Hund zu motivieren, aber nicht zu fixieren.

Diese Übung fördert besonders die Beweglichkeit des Hüftgelenks. Wenn man sie einem Anfängerhund beibringt, wird offensichtlich, ob eine Seite bevorzugt wird. Beobachten Sie den Hund, wenn Sie nicht trainieren und halten Sie fest, auf welche Seite er sich bevorzugt legt. Achten Sie dann darauf, beim Training die Seiten ausgewogen zu belasten, wenn es eine bevorzugte Seite gibt.

Trainingsschritte	Sie clicken	Ort der Belohnung
1. Beginnen Sie in einem Löwen-Platz mit gleichmäßig ausbalancierten Hüften und dem Gewicht des Vorderkörpers auf den Ellenbogen.	Sobald die Hüfte zu einer Seite kippt.	In der entspannten Position.
Locken Sie den Kopf des Hundes nach rechts und nach unten Richtung seiner rechten Hinterpfote.		
2. Bringen Sie ihn zurück ins Löwen-Platz, indem Sie ein Futterbröckchen nach vorn ziehen, dorthin wo seine Vorderpfoten im Löwen-Platz sein werden.	Sobald die Hüften wieder in der Löwen-Position sind.	Im Löwen-Platz.

Locken Sie den Hund in eine entspannte Position auf der linken Hüfte.
Wechseln Sie zwischen allen drei Positionen hin und her: Löwen-Platz, entspanntes Liegen auf der rechten Hüfte, Löwen-Platz, entspanntes Liegen auf der linken Hüfte.

3. Das längere Liegen in der entspannten Haltung kann dadurch bestärkt werden, dass Sie immer in dieser Position belohnen.	Wenn der Hund entspannt liegt.	In der entspannten Haltung in der Nähe der Hinterpfote.

Das Signal einführen

Sie können jeweils ein eigenes Signal für beide Seiten einführen. Um ein Signal einzuführen, bei dem sich der Hund hinlegen darf, wie er selber mag, verwenden Sie ein Handsignal (wie die Bewegung beim Locken) und platzieren Sie den Hund so, dass er alle Aktivitäten gut im Auge behalten kann.

Spiel 4.7 Alltägliche Übung: Kreisen

Übung für: Welpen, Junghunde, Erwachsene / Sportler, ältere Hunde, Rentner, Beweglichkeit des Rückens, Stärkung der Rückenmuskulatur, Balance.

Benötigte Vorkenntnisse: Keine.

Sie benötigen: Futter, das den Hund motiviert, aber nicht völlig fixiert.

Diese Übung fördert besonders die Beweglichkeit der Wirbelsäule und entwickelt durch die Drehungen den Gleichgewichtssinn. Bei sanftem Vorgehen kann man es mit Welpen, Junghunden, Älteren als auch Rentnern üben oder es so variieren, dass die Erwachsenen/Sportler Kraft aufbauen. Halten Sie den Target immer so, dass der Hund seinen Kopf in einer natürlichen Position und nicht angehoben hält. Arbeiten Sie auch beim sportlichen Training nicht über Geschwindigkeit.

Trainingsschritte	Sie clicken	Ort der Belohnung
1. Stehen Sie zunächst mit Ihren Beinen dicht an der Seite Ihres Hundes. Locken Sie den Kopf des Hundes in einem Bogen zu seinem Schwanzansatz.	Das Folgen des Leckerchens.	Jeden einzelnen Schritt, den der Hund im Kreis geht.
2. Gehen Sie in kleinen Schritten auf dem Kreisbogen vor und achten Sie auf eine gleichmäßige Biegung der Wirbelsäule.	Das Folgen des Leckerchens.	Jeden einzelnen Schritt, den der Hund im Kreis geht.
3. Steigern Sie langsam die Strecke, die der Hund auf dem Kreisbogen zurücklegt, vor dem Click, bis der Hund schließlich einen ganzen Kreis geht.	Das Erreichen des entferntesten Punktes.	In der Ausgangsposition.

4. Üben Sie die Kreise in beide Richtungen. Sehr oft fällt dem Hund eine Richtung leichter. Üben Sie dann so, dass sich die Beweglichkeit in beide Richtungen gleichmäßig entwickelt.
Verwenden Sie einen Targetstab für Hunde mit langem Rücken oder bei Hunden, die das Vorbeugen, welches das Locken mit der Hand mit sich bringt, unangenehm finden.

Sportvariante

Kraft kann dadurch aufgebaut werden, dass der Hund mit mehr Motivation einem Spielzeug auf dem Kreisbogen folgt. Achten Sie darauf, dass dabei die Biegung des Rückens nicht verloren geht und dass der Hund auf dem Kreisbogen bleibt, wenn er schneller läuft. Eine Zimmerecke oder ein Zaun können dabei behilflich sein, dass der Hund diese Biegung auch bei Wiederholungen beibehält.
Die Verwendung eines Zergels, an dem der Hund zieht, kann die Biegung verstärken. Achten Sie darauf, dass der Hund seinen Kopf genauso hoch oder niedriger wie normal hält. Vermeiden Sie es, den Hund durch das Zergeln herumzureißen.

Führen Sie das Signal ein
Rechte und linke Kreise können jeweils ein eigenes Signal oder modifizierende Signale bekommen.

Spiel 4.8 Alltägliche Übung: Verbeugung

Übung für: Alle Altersgruppen, Mobilität, Stärkung der Rückenmuskeln, Balance.

Benötigte Vorkenntnisse: Keine.

Sie benötigen: Futter, das den Hund motiviert, aber nicht völlig fixiert. Targetstab oder Spielzeug.

Die Verbeugung, die auf der Spielverbeugung beruht, bringt die Wirbelsäule in eine S-Form.
Dabei werden die hinteren Muskeln der Hinterbeine gedehnt (ähnlich wie bei der Übung Rumpfbeugen beim Menschen) und der obere Teil der Wirbelsäule in die entgegengesetzte Richtung mit einer guten Biegung des Nackens.
Das Halten dieser Position öffnet zudem die Hüftgelenke und die Beckenmuskeln.
Diese Position durch Locken zu erreichen ist nicht ganz einfach. Die richtige Richtung bewirkt, dass der Hund einen Schritt zurück macht und sich hinzulegen beginnt. Das Leckerchen muss auf einer diagonalen Linie von der Nase des Hundes nach hinten unten direkt hinter die Vorderpfoten geführt werden.

Trainingsschritte	Sie clicken	Ort der Belohnung
1. Zu Beginn steht der Hund mit dem Gesicht zu Ihnen. Locken Sie im ersten Schritt ein Senken von Kopf und Schulter. Möglicherweise müssen Sie dafür knien oder auf dem Boden sitzen.	Das Erreichen des tiefsten Punkts beim Senken.	In der Ausgangsposition stehend.
2. Locken Sie schrittweise mit flüssigen Bewegungen immer weiter nach unten. Die Pfoten sollten sich dabei nicht bewegen und die Hüfte aufgerichtet bleiben.	Das Erreichen des tiefsten Punkts beim Senken.	In der Ausgangsposition stehend.
3. Locken Sie weiter nach unten, bis die Ellenbogen den Boden berühren, und lassen Sie den Hund diese Position mit den Hüften in der Luft halten.	Ellenbogen auf der Erde, Hüften in der Luft.	In der Ausgangsposition stehend.

Das Halten dieser Position finden einige Hunde anfangs etwas unangenehm, weshalb sie die Hüften in die Löwen-Platz-Position fallen lassen. Platzieren Sie Ihre Hand sanft vor die Knie, damit der Hund die Hüften oben lässt. Lassen Sie die Muskeln auf der hinteren Seite der Hinterbeine sich sanft strecken.

Sportvariante

Bauen Sie zusätzliche Kraft auf, indem Sie den Hund dazu bringen, sich aus der Löwen-Platz-Position in die Verbeugung hochzudrücken und dabei die Brust auf dem Boden zu lassen.
Beginnen Sie dazu in der Platz-Position und locken Sie ein kleines bisschen nach vorne. Der Hund wird das Hinterteil anheben, um seinen Schwerpunkt zu verändern. Sie können auch ein wenig nachhelfen, indem Sie das Knie des Hundes leicht berühren, um ein Zurücktreten der Hinterbeine auszulösen.

Führen Sie das Signal ein:
Vorschläge: »Diener« oder »tadaaa«.

Spiel 4.9 Alltägliche Übung: Rolle

Übung für: Alle Altersgruppen, Mobilität, Stärkung der Rückenmuskeln, Entspannung.

Benötigte Vorkenntnisse: Locken ins entspannte Liegen. Belohnung durch Streicheln.

Sie benötigen: Futter, das den Hund motiviert, aber nicht völlig fixiert.

Das komplette Verhalten, schnell ausgeführt, sieht wie eine Rolle aus, aber durch das Trainieren jeder einzelnen Stellung können Sie größere Fitness und Mobilität erreichen. Für manche älteren Hunde oder Hunde mit bestimmten Körperformen ist das Liegen auf dem Rücken eventuell unangenehm.

Trainingsschritte	Sie clicken	Ort der Belohnung
1. Beginnen Sie mit dem Hund im entspannten Liegen. Führen Sie das Leckerchen zur Pfote des oben liegenden Hinterbeins, um den Körper in eine »C«-Form zu bringen.	Diese »C«-Form.	In dieser Position, wenn der Hund sie bequem halten kann.
2. Bei dieser Position liegt ein Großteil des Gewichts des Vorderkörpers auf dem linken Ellenbogen, wenn die rechte Hüfte oben liegt. Bringen Sie das Leckerchen direkt von der Pfote hinauf zur Wirbelsäule, damit der Hund sein Gewicht auf die linke Schulter verlagert.	Das Verlagern des Gewichts auf die Schulter.	In der »C«-Form.
3. Sobald der Hund diese Position leicht und fließend einnimmt, beginnen Sie in dieser Position zu füttern, damit der Hund auf der Seite liegen bleibt.	Flach auf der Seite liegen.	Flach auf der Seite liegend oder in der entspannten Platz-Position, um die Bewegung zu üben.
4. Locken Sie den Kopf des Hundes aus der Seitenlage in Richtung seines oberen Ellenbogens und weiter zu seiner Schulter, bis der Hund auf dem Rücken liegt.	Folgen des Leckerchens und Gewichtsverlagerung.	Auf dem Rücken liegend fressen.

5. Wenn der Hund auf dem Rücken liegt, locken Sie den Hund, die Rolle zu vollenden und auf der anderen Körperseite flach zu liegen. Locken Sie in beide Richtungen, um die Muskeln gleichmäßig zu belasten.	Ganz auf die andere Seite rollen.	In der Seitenlage.

Wenn der Hund Schwierigkeiten hat, die Position auf dem Rücken zu halten, können Sie ihm helfen, indem Sie ihn ein Pfotentraget an Ihre nach oben gehaltene Hand machen lassen. Auch sanftes Streicheln des Bauches kann helfen, die Muskeln zu entspannen.

Sportvariante

Das Trainieren einer »Temporolle« stärkt alle Rumpfmuskeln. Achten Sie unbedingt darauf, dass der Hund die schnelle Rollbewegung bis in den Stand immer erst beginnt, wenn er wirklich einen Moment im Platz gelegen hat. Wenn das Signal gegeben wird, kann ein schneller Hund die Rollbewegung aus dem Stand zu schnell einleiten. Er fällt dann auf die Schulter. Trainieren Sie immer beide Richtungen.

Führen Sie das Signal ein
Beide Rollen-Richtungen können ihr eigenes Signal oder ein modifizierendes Signal bekommen.

Spiel 4.10 Flexigility: Balance

Übung für: Selbstkontrolle, Koordination, Selbstbewusstsein, an lockerer Leine gehen.

Benötigte Vorkenntnisse: Sitz, Platz, Stopp, Dreh Dich um.

Sie benötigen: Gerade, sehr stabile, zwanzig bis dreißig Zentimeter breite Bohlen. Platzieren Sie für große Hunde an Ecken und Kreuzungen zwei Bohlen nebeneinander. Erhöhen Sie den Schwierigkeitsgrad schrittweise, indem Sie die Bohlen höher lagern und Schrägen einbauen.

Die meisten Hunde lernen nur Muskelbewegungen, die sie in ihrem Alltag benötigen. Bei jungen Welpen unter zwanzig Wochen entwickeln sich parallel zur Koordination und Gleichgewicht bestimmte Gehirnbereiche. Bei älteren Hunden über einem Jahr muss der Hund auf bestehende Fähigkeiten zurückgreifen und diese anpassen, anstatt neue Fertigkeiten zu entwickeln. Lassen Sie den Welpen oder Hund IMMER frei entscheiden, wenn er die Gerätschaften erkundet und lassen Sie ihn oft auf »sicherem Boden« ausruhen.

Steigern Sie die Schwierigkeit erst, wenn der Hund Selbstbewusstsein zeigt. Locken Sie den Schüler niemals, um Fortschritte zu erzielen. Der Hund sollte immer frei entscheiden können, was er erkundet, und damit seinen Grad an Selbstbewusstsein und seinen Trainingsstand zeigen.

Trainingsschritte	Sie clicken	Ort der Belohnung
1. Üben Sie mit dem Hund, sich der Bohle zu nähern und auf sie zu steigen. Stellen Sie sich selber auf die andere Seite der Bohle. Belohnen Sie Annäherung und Erkundungsverhalten. Wiederholen Sie diese Annäherung, bis sich der Hund zügig der Bohle annähert und bereit ist, sie mit der Pfote zu berühren.	Annäherung und Berühren.	Füttern Sie auf dem Boden und erlauben Sie eine weitere Wiederholung der Annäherung.
2. Belohnen Sie Ihren Schüler, wenn er mit den Pfoten die Bohle berührt, beginnend mit ganz leichten Berührungen, bis schließlich beide Vorderpfoten mit vollem Gewicht draufstehen.	Berühren und Gewichtsverlagerungen.	Auf dem Boden, um eine erneute Berührung zu ermöglichen.

3. Treten Sie von der Bohle zurück, damit der Hund genügend Platz hat, vorwärts zu gehen und mit den Hinterbeinen auf die Bohlen zu steigen.	Wenn die Hinterbeine hinaufklettern.	Auf den Bohlen an den Vorderpfoten.*
4. Drehen Sie sich nach links oder rechts, wobei Sie mit der Schulter, die der Bohle am nächsten ist, das Signal geben, dass der Hund neben Ihnen mitgehen soll.	Koordiniertes Drehen in die gleiche Richtung.	Auf der Bohle an den Vorderpfoten.*

* Wenn Sie auf den Bohlen belohnen, achten Sie darauf, das Futter so zu platzieren, dass der Hund fressen kann, ohne sich weiter bewegen zu müssen. Das Futter direkt ins Maul zu geben, kann dazu führen, dass der Hund stolpert und das Gleichgewicht verliert. Der Hund muss sich weiter auf die Bohlen konzentrieren.

Variationen

Bauen Sie mit den Bohlen Stege mit Abwinkelungen nach rechts und links und mit 180°-Wendungen. Belohnen Sie den Hund, wenn er nur auf Ihre Schultersignale hin die Richtungen wechselt.

Führen Sie kleine Hindernisse ein, über die der Hund steigen muss, während er neben Ihnen her geht. Kleine Mauersteine, Stangen oder Reifen. Variieren Sie die Breite der Bohlen, abhängig von der Größe des Hundes.

Üben Sie mit wechselnden Höhen, auf eine höhere Ebene zu steigen, unter hohen Stegen durchzugehen und Schrägen hinauf und hinunter zu gehen.

Für Hunde, die sich in Gegenwart anderer Hunde schlecht konzentrieren können, warten Sie, bis sie ein gutes Maß an Selbstvertrauen auf den Stegen erreicht haben, bevor Sie einen anderen Hund in der Nähe zulassen.

Führen Sie das Signal ein

Die Geräte sind Signale an sich. Die Hunde sollten sich nur neben Ihnen her auf den Stegen entlang bewegen. Dadurch lernt der Hund Multitasking. Er wird sich auf die Geräte konzentrieren und sich selbst konzentrieren, um sich weiterhin Ihrem Tempo und Ihren Richtungswechseln und Pausen anzupassen. Ihre Schulterbewegungen dienen ihm dabei als Richtungssignale.

Spiel 4.11 Flexigility: Oberflächen

Übung für: Erfahrung, Koordination, Gleichgewicht, Selbstvertrauen.

Benötigte Vorkenntnisse: Flexigility Balance.

Sie benötigen: Eine große Auswahl an Oberflächenmaterialien.

Auf unterschiedlichen Untergründen zu gehen entwickelt ausgezeichnete Koordination und gibt dem Hund viele Erfahrungen, mit denen er Selbstbewusstsein aufbauen kann. Besonders Welpen unter zwanzig Wochen profitieren sehr von diesem experimentellen Lernen. Unterschiedliche Oberflächen fördern die Stärkung des Gleichgewichts, angepasste Bewegungen und können beim Leinentraining sehr hilfreich sein. Wo immer möglich, füttern Sie auf dem Boden und arbeiten ohne Locken.

Junge Welpen können dieses Lernerlebnis noch mehr genießen, wenn sie in einer Gruppe mit ein paar anderen Welpen auf Entdeckung gehen dürfen. Verteilen Sie Leckerchen auf den unterschiedlichen Untergründen und erlauben Sie »freies Grasen«. Erwachsene fühlen sich vielleicht sicherer, wenn sie alleine lernen können.

Trainingsschritte	Sie clicken	Ort der Belohnung
1. Das Gehen an der Leine auf neuen Untergründen kann Selbstkontrolle und Multitasking fördern. Clicken Sie immer, wenn der Hund einen neuen Untergrund ansieht, Entscheidungen trifft und ihn berührt.	Selbstbewusste Bewegungen, keine panischen.	Aus der Hand oder auf dem Untergrund, wenn möglich.

Große Bretter
Die meisten Bretter sind nicht gerade, sondern leicht gebogen. Beginnen Sie mit einem Brett, das flach auf dem Boden liegt. Dann schieben Sie einen kleinen Stein oder ein Buch unter eine Ecke, um diese anzuheben.
Eine neue Textur an den Pfoten und lernen, die Balance zu halten.

Gestrichene Böden
Manche Hunde reagieren darauf mit Anspannen der Pfoten, was das Gehen auf diesem Untergrund noch schwieriger macht. Belohnen Sie Entspannen der Pfoten, platzieren Sie »Rettungsinseln«–Matten/Teppiche, in kleinen Abständen, und erhöhen Sie deren Abstand, wenn der Hund sich selbstbewusster bewegt.
Ein fester Untergrund mit geringer Haftung.

Luftpolster- oder Cellophan-Folie
Hierbei macht der Hund die seltsame Erfahrung, dass die Luftblasen platzen oder die Folie an seinen Pfoten hängen bleibt. Das Material wird sich wahrscheinlich bewegen, wenn der Hund darüber geht.
Leicht haftend und sich bewegend.

Wellblechplatte
Alles an diesem Untergrund bringt den Hund dazu, vorsichtig zu sein. Die Oberfläche ist nicht nur überall uneben, sondern bewegt sich gleichzeitig noch und kann zudem glatt sein.
Metall, uneben und wippend.

Brücken
Idealerweise aus einem bekannten Material, das sich vielleicht etwas bewegt und ein Gefühl bietet, sich über ein »Nichts/Graben/Schlucht« zu bewegen. Über die London Bridge zu gehen ist nicht das gleiche wie per Seilbrücke einen tiefen Canyon zu überwinden. Arbeiten Sie langsam an dieser Erfahrung und achten Sie unterwegs auf Gelegenheiten.
Über eine Brücke gehen.

Stangenmikado
Nehmen Sie einige Stäbe oder leichte Stangen und verteilen Sie diese willkürlich auf dem Boden. Während der Hund durch das Stangenmikado läuft, werden seine Pfoten die Stangen berühren, sie bewegen, daran hängen bleiben usw.
Sich auf unterschiedlichen Untergründen bewegen, Berührungen an den Beinen.

Netze oder Zäune
Legen Sie eine Bahn aus Netzen oder Zäunen auf den Boden. Dieses wird sich sehr eigenartig anfühlen. Je nach Zaunart können Steine untergelegt werden, um auch die Höhe zu variieren.
Sich auf unterschiedlichen Untergründen bewegen, Berührungen an den Beinen.

Natürliche Untergründe
Sehen Sie sich nach natürlichen Untergründen um, die Lerngelegenheiten bieten. Flache Bäche, Pfützen, flache Wellen, nasses Gras, besonders hohes nasses Gras, Gras, das über den Kopf des Hundes ragt, Laubhaufen, frischer Schnee, Sand, Kiesel.

Suchen Sie Untergründe, die sich unterschiedlich anfühlen, die das Gleichgewichtsgefühl beanspruchen und die Beine berühren.

Berührungsempfindungen
Legen Sie eine Tischdecke oder ein langes Laken über einen Tisch, sodass der Stoff bis zur Hälfte der Höhe herunterhängt. Die Welpen können von der Längsseite hindurchlaufen oder von der Kopfseite, wobei sie vom Stoff gestreift werden. Wenn der Hund selbstbewusster wird, können Sie die Tischdecke weiter hinunterhängen lassen, sodass der Hund gegen den Stoff laufen muss, um hindurchzukommen (oder um an das Stückchen Wurst zu kommen). Sie können zusätzliche »Vorhänge« hinunterbaumeln lassen, wie Hundeleinen, die durch den Karabiner schwerer sind, und sich anders anfühlen.
Berührungen überall am Körper. Durch Hindernisse hindurchlaufen.

Führen Sie das Signal ein
Das Signal für Selbstbewusstsein, Selbstkontrolle und Multitasking ist die Leine und Nähe zu Ihnen. Durch die Flexigility-Übungen lernt der Hund, dass er immer Ihrem Urteil vertrauen kann, dass Sie für seine Sicherheit sorgen, und dass das Ausprobieren von Neuem sich lohnt.

Spiel 4.12 Flexigility: Cavaletti

Übung für: Rhythmisches Traben, Konzentration, Muskelspannung.

Benötigte Vorkenntnisse: Von Target A zu Target B laufen (Spiel 3.11 Seite 57).

Sie benötigen: Einen Satz Cavaletti-Stangen mit variabler Höhe von direkt auf dem Boden bis knapp über dem Handwurzelballen und variablem Abstand zwischen den Stangen. Zwei Trainer oder Targetmatten.

Beim Traben über Cavalettis muss der Hund in einem gleichmäßigen Rhythmus laufen, der durch die Abstände zwischen den Stangen vorgegeben wird. Das Verändern der Abstände bewirkt eine Veränderung des Schwungs: Ein engerer Abstand und höhere Stangen bewirken weniger Schwung. Ein weiterer Abstand mit Stangen auf Bodenhöhe bewirken mehr Vorwärtsdrang und Schwung.

Trainingsschritte	Sie clicken	Ort der Belohnung
1. Legen Sie die Cavaletti-Auflagen (ohne die Stangen) als Gang aus, durch den der Hund von A nach B läuft (wobei A und B jeweils Trainer oder Targetmatten an den beiden Enden des Ganges sind).	Den einen Target verlassen.	Am anderen Target.
2. Legen Sie fünf Stangen im Abstand der Welpen-Variante (siehe unten) aus. Legen Sie vier Stückchen gut sichtbarer Leckerchen mittig zwischen die Stangen. Lassen Sie den Hund folgen und die Leckerchen fressen und geben Sie das letzte Leckerchen am Target. Wiederholen Sie das mehrmals.	(Sie treten über jede Stange.) Das Verhalten ist selbstbelohnend, daher brauchen Sie nicht zu clicken.	An den ausgelegten Leckerchen.
3. Reduzieren Sie die Leckerchen, legen Sie nur noch eins mittig zwischen die zweite und dritte Stange. Dann soll der Hund weiterlaufen und ganz aus der Cavalettigasse herauskommen, damit er sich umdrehen und erneut korrekt anlaufen kann.	Annäherung an die Stangen.	Das Leckerchen zwischen Stange 2 und 3 und dann am Target.

4. Keine Leckerchen mehr in der Stangengasse. Achten Sie auf Trabbewegungen.	Den Trab.	Am Target.
5. Formen Sie eine ausbalancierte, selbstbewusste Gangart mit ausreichend Vortrieb, damit die Stangen nicht getroffen werden.	Bei Hunden, die langsam und zögerlich antraben, wenn der Hund zu traben beginnt. Für Hunde, die die Gangart wechseln: für die richtige Gangart. Ausbalancierte Bewegungen.	Am Target.

Wenn der Hund über die Stangen rast, legen Sie die Targets dichter an die letzte Stange. Wenn der Hund nur sehr langsam läuft, legen Sie die Targets weiter von den Stangen weg. Wählen Sie den Abstand aber immer so, dass der Hund die richtige Gangart einschlägt, bevor die Stangengasse beginnt.

Junghunde-Variante

Welpenabstand: Abstand von den Vorderzehen bis zu den Hinterzehen.
Optimaler Abstand: Welpenabstand plus ungefähr zwanzig Zentimeter bei mittelgroßen Hunden.

Die Abstände müssen der Bewegung des Hundes angepasst werden. Manche Hunde machen sehr kurze Schritte, andere haben einen sehr raumgreifenden Trab. Achten Sie auf eine gerade Oberlinie (Hals bis zu den Hüften) und ausbalancierte, rhythmische Bewegungen.

Sportvariante

Ausdauertraining

Welpen können mit der Cavaletti-Arbeit beginnen, wenn sie von sich aus in einem natürlichem Umfeld längere Strecken traben – zum Beispiel, wenn sie durch den Garten zockeln. Halten Sie die Einheiten sehr kurz, mit nicht mehr als vier Wiederholungen* und achten Sie, darauf, dass sie zwischen den Wiederholungen die Gangart wechseln, oder etwas ganz anderes tun*.
Erwachsene Hunde sollten nach jeder fünften Wiederholung zwei Minuten ausruhen. Das Ausruhen sollte aus kontrolliertem Gehen bestehen, nicht aus Liegen oder Traben, damit die Muskeln warm bleiben, ohne weiter angestrengt zu werden. Nach jeder Einheit sollten Sie mit dem Hund drei bis fünf Minuten gehen, um ihn abzukühlen. Achten Sie immer darauf, dass der Hund nicht so überhitzt, dass er sich hinlegen muss.

*Eine Wiederholung ist das Laufen von Target A zu Target B und wieder zurück, d.h. für eine Wiederholung läuft der Hund zweimal über die Stangen.

Für erwachsene (Sport) Hunde:
1. Aufwärmen: fünf Wiederholungen mit fünf Stangen mit optimalem Abstand.

2. Einheiten 1-5: fünf Wiederholungen mit neun Stangen mit optimalem Abstand.

3. Einheiten 6-10: zehn Wiederholungen mit neun Stangen mit optimalem Abstand.

4. Einheiten 11-15: fünfzehn Wiederholungen mit neun Stangen mit optimalem Abstand (und diese Übungen jede Woche beibehalten).

Kraftaufbau
Die Hunde sollten den Ausdaueraufbau komplett abgeschlossen haben, bevor Sie mit diesen Übungen beginnen.

a.) Dehnen: Erhöhen Sie den Abstand zwischen den Stangen um zehn Prozent (höchstens fünfzehn Prozent), für nicht mehr als fünf Wiederholungen.

b.) Höhe: Reduzieren Sie den (optimalen) Abstand um zehn Zentimeter und erhöhen Sie die Stangen um zwanzig Zentimeter, für nicht mehr als fünf Wiederholungen.

Nach diesen beiden Übungen machen Sie jeweils fünf Wiederholungen mit neun Stangen in optimalem Abstand gefolgt vom üblichen Gehen zum Abkühlen. Bei beiden Übungen sollte der Hund etwas mehr angestrengt wirken, aber nicht so sehr, dass er Schwierigkeiten hat, die Wiederholungen zu beenden.

Führen Sie das Signal ein
Temporäres Signal: Target oder Trainer. Endgültiges Signal: »Lauf zu« / »Target« jeweils mit Richtungssignal (zum jeweiligen Target) aus der Körpersprache des Trainers.

Spiel 4.13 Flexigility: Folgen

Übung für: Verschiedene Gangarten, Konzentration, Muskelspannung.

Benötigte Vorkenntnisse: Einem leicht beweglichen Target folgen.

Sie benötigen: Targetstab mit einem leicht zu erkennenden Target am Ende, auf länger als Armlänge ausziehbar. Ebener, griffiger Untergrund: Teppich oder kurzes Gras, etc.

Der Hund muss die Übung, einen sich bewegenden Target zu berühren, sehr gut beherrschen (Seite 49). Er sollte die Konzentration leicht und schon für längere Zeit halten können.

Die verschiedenen Gangarten können trainiert werden, indem man folgendes variiert:
- die Geschwindigkeit des beweglichen Targets
- die Kopfhaltung des Hundes, wenn er dem Target folgt
- das Bewegungsmuster auf der Kreislinie

Verwenden Sie kein »Folge mir«-Target für Rückwärts-Bewegungen.

Trainingsschritte	Sie clicken	Ort der Belohnung
1. Wärmen Sie den Hund mit ein paar kurzen (fünf bis acht Sekunden) Wiederholungen von »Folge dem Target auf Augenhöhe« in leichtem Trab auf. Lassen Sie ihn den Untergrund und Umgebung kennenlernen und an Sicherheit gewinnen. Bewegen Sie dabei den Hund in einem großen Rundkurs in beide Richtungen.	Gute Konzentration und entspanntes, rhythmisches Laufen.	Werfen Sie das Leckerchen über das Ende des Targets hinaus, holen Sie den Hund nicht mit dem Leckerchen zu sich.
Langsames Gehen. Langsame Bewegung des Targetstabes, bringen Sie den Kopf des Hundes dazu ein bisschen niedriger als in seine normale Haltung.	Leichtfüßiges, ausbalanciertes Gehen mit Selbstkontrolle.	Jenseits des Targetendes.

Versammelter Trab. Werfen Sie ein Leckerchen ein ganzes Stück weit weg, damit der Hund mit Schwung zu Ihnen zurückkommt, vorzugsweise in einem kontrollierten Trab.

Holen Sie ihn zurück zum Target, anfänglich mit gerader Oberlinie. Um die Bewegung zu versammeln, bewegen Sie den Körperschwerpunkt des Hundes leicht nach hinten, indem Sie das Targetende leicht anheben. Wenn der Hund den Kopf anhebt, reduzieren Sie leicht die Geschwindigkeit und ermöglichen es dem Vorderkörper so, sich etwas aufzurichten.

Die sich entwickelnde Bewegung mit steigenden Kriterien: Ausgeprägtere oder anhaltende Bewegungen mit gutem Schwung.

Jenseits des Targetendes.

Ihre Bewegungen können dem Hund helfen oder ihn behindern. Lehren Sie keine lebhaften Bewegungen, wenn Sie sich langsam bewegen und umgekehrt.

Variante für Erwachsene

Verschiedene Gangarten können durch die Veränderung der Targethöhe und der Geschwindigkeit ausgelöst werden. Das Ergebnis wird sich von Hund zu Hund auch innerhalb derselben Rasse unterscheiden. Der Körperbau spielt eine große Rolle für das Ergebnis und das Training kann die existierenden Bewegungen nur verbessern oder betonen. Alle Gangarten können unter Signal gestellt werden und für den Ausstellungsring, Obedience oder Dog Dance trainiert werden. Kriechen kann man trainieren, indem man den Targetstab direkt auf dem Boden entlangführt und mit dem Hund im Platz beginnt (nur für Hunde, die das Verhalten von sich aus zeigen).

Für eine anhaltende Bewegung können Sie Muskelkraft entwickeln, indem Sie einen Untergrund auswählen, der nachgibt, zum Beispiel Sand. Auch Zergelspiele bauen die unterstützende Körperkraft auf.

Führen Sie das Signal ein

Das Targetende ist das temporäre Signal. Das neue Signal kann eingeführt werden, wenn das Training abgeschlossen ist. Das Signal für die Gangart kann kombiniert werden mit einem relativen Ort (an meiner linken Seite) oder einem Target (trabe auf den Richter zu).

Spiel 4.14 Flexigility: Rückwärts

Übung für: Alle Altersgruppen, Beweglichkeit der Hinterbeine, Selbstbewusstsein, Selbstkontrolle, räumliche Wahrnehmung.

Benötigte Vorkenntnisse: Vorderpfoten auf die Targetmatte (Spiel 3.4 Seite 44).

Sie benötigen: Targetmatte oder zwei verschiedene Untergründe.

Rückwärtsbewegungen in Schritt, Trab oder Hüpfern beweisen ausgezeichnete körperliche Beweglichkeit und einen Sinn für räumliche Wahrnehmung (wo sich der Hund in Relation zum Trainer oder anderen Objekten befindet). Sie können entweder als Bewegung trainiert werden oder als Ergebnis der Bewegung zu einem Target.
Das Rückwärtsgehen als Bewegung zu trainieren geschieht über das Freie Formen. Wenn man das Rückwärtstreten der Hinterbeine anstatt Bewegungen der Vorderbeine markiert, kommt eine natürlichere Bewegung dabei heraus. Wird dieses Verhalten nämlich durch das Zurücktreten der Vorderbeine eingeleitet, endet der Hund oftmals in einer gebeugten, verkrampften Haltung.
Das Training mit Hilfe eines Targets führt zu verbesserter räumlicher Wahrnehmung und kann Grundlagentraining für Distanzarbeit sein.

Trainingsschritte	Sie clicken	Ort der Belohnung
1. Wärmen Sie die Targetübung wieder auf, bei der beide Vorderpfoten auf der Matte stehen und der Hund mit Blickrichtung auf Sie vor Ihnen steht. Setzen Sie sich auf einen Stuhl oder auf den Boden, damit Sie möglichst auf gleicher Augenhöhe mit Ihrem Hund sind.	Solide Position auf der Matte.	Ort der Belohnung: während der Hund auf der Matte steht, alternativ hinter den Hund geworfen.

Bestärken Sie das Stehen auf der Matte, sodass diese Matte für den Hund als ein sicherer Ort gilt. Der Hund sollte geübt darin sein, die Position auf der Matte zu finden, indem er dabei auf Sie zugeht. Das Bewegen zurück auf die Matte wird rückwärts verkettet.

2. Locken Sie den Hund aus dem Stand etwa fünf Zentimeter vorwärts, um ihn zu füttern. Mindestens eine Vorderpfote sollte von der Matte heruntertreten. Warten Sie, bis der Hund zurück an die Stelle tritt, für die er zuvor immer bestärkt wurde – auf die Matte.	Rückwärtsbewegungen.	Locken Sie den Hund fünf Zentimeter nach vorne. Füttern Sie in Maulhöhe oder etwas tiefer.
3. In kleinen Schritten erhöhen Sie nun den Abstand zwischen der Matte und dem Ort der Belohnung. Erhöhen Sie den Abstand, indem Sie sich weiter von der Matte entfernen, nicht umgekehrt.	Auf der Matte ankommen.	Jeweils einige Wiederholungen im gleichen Abstand vor der Matte.

Wenn sich der Hund umdreht, um auf die Matte zu gehen, haben Sie den Abstand zu schnell erhöht. Beginnen Sie mit einem kleineren Abstand und clicken Sie mehrere Wiederholungen Rückwärtsgehen, bevor Sie das Kriterium für Bewegung erhöhen und dann erst das für den Kontakt mit der Matte.

Sportvariante

Steigern Sie den Abstand, bis eine ausbalancierte, flüssige Bewegung zustande kommt. Um eine flüssige, stressfreie Bewegung zu erreichen, signalisieren Sie dem Hund, rückwärts auf die Matte zu gehen. Folgen Sie ihm, wenn er sich sicher bewegt, bis er die Matte erreicht hat. Wenn der Hund sich beispielsweise zwei Meter rückwärts bewegen kann, während Sie stehen bleiben, beginnen Sie in vier Metern Entfernung von der Matte. Geben Sie das Signal für das Rückwärtsgehen, und wenn der Hund zwei Meter rückwärts gegangen ist, gehen Sie den letzten Meter parallel mit, bis er auf der Matte ist. Der Abstand zwischen Ihnen und dem Hund sollte sich nicht verringern. Indem Sie dem Hund folgen, bestärken Sie die Bewegung und vermeiden zusätzlichen Stress, der durch die Vergrößerung der Distanz ausgelöst werden könnte. Vermeiden Sie, zu dicht aufzuschließen, da das den Druck erhöht, was die Bewegung stören könnte.

Rückwärts eine Treppe hinaufzusteigen ist ein sehr komplexes Verhalten, bei dem die gegenüberliegenden Gliedmaßen koordiniert werden müssen. Beginnen Sie mit der Matte auf dem oberen Treppenabsatz und locken Sie den Hund eine Stufe nach unten. Clicken Sie, wenn er rückwärts zurück auf den Treppenabsatz steigt. Steigern Sie ganz langsam mit vielen Wiederholungen auf jeder Stufe. Die Vorderbeine werden die Bewegung recht schnell hinbekommen, die Bewegung der Hinterbeine ist ein eigenständiges Verhalten, das sich erst entwickeln muss.

Neben Ihnen oder mit dem Schwanz in Ihre Richtung zu gehen können Sie trainieren, indem Sie Ihre Position an der Matte entsprechend verändern. Beginnen Sie in einer realistischen Distanz von drei Metern zur Matte und variieren Sie Ihre Position in Relation zum Hund. Füttern Sie jedes Mal an der exakt gleichen Stelle, eine Belohnungsstation wäre nützlich. Generalisieren Sie die Bewegung, indem Sie eine Vielzahl von Positionen einnehmen, bis es völlig egal ist, wo Sie stehen und das Verhalten des Hundes stabil ist. Dann können Sie anfangen, synchrone oder parallele Bewegungen zu trainieren.

Das Rückwärtsgehen auf einem Kreisbogen wird mit einem runden Zimmerkennel geübt, der die Richtung der Rückwärtsbewegung lenkt. Versuchen Sie zu clicken, wenn das innere Hinterbein Richtung Kreismitte tritt, da diese wiederholte Bewegung dazu führt, dass der Hund einen Bogen läuft.

Führen Sie das Signal ein

Wenn Sie dieses Verhalten auslösen wollen, egal wo Sie stehen, müssen Sie ein verbales Signal einführen. Der Hund sollte Sie nicht ansehen müssen, um das Signal zu sehen, da er sehr oft von Ihnen wegsieht.

Spiel 4.15 Flexigility: Seitwärts gehen

Übung für: Alle Altersgruppen, Beweglichkeit der Hinterläufe, Selbstbewusstsein, räumliche Wahrnehmung.

Benötigte Vorkenntnisse: Vorderpfoten auf die Targetmatte. (Spiel 3.4 Seite 44). Üben Sie Ihre Bewegungen, bevor Sie den Hund dazu nehmen.

Sie benötigen: Mehr als zwei Targetmatten.

Seitwärtsgehen ist eine unschätzbar wertvolle Übung für die körperliche Beweglichkeit und verbessert eine ganze Reihe von Bewegungen.
Beobachten Sie Ihren Hund in seiner natürlichen Umgebung genau und analysieren Sie, wie er seine Hüfte zu einer Seite bewegt. Wenn sich der Hund nach links bewegt, wird er entweder mit dem linken Hinterbein anfangen und dann das rechte Bein nachsetzen, oder mit dem rechten Hinterbein über das linke kreuzen, welches dann einen Schritt nach links macht. Den natürlichen Bewegungsablauf zu nutzen wird viel Stress vermeiden und zu schnellerem Lernen führen.

Trainingsschritte	Sie clicken	Ort der Belohnung
Stellen Sie sich ungefähr einen Schritt vor Ihren Hund, der mit seinen Vorderpfoten auf der Targetmatte steht. Stellen Sie sich die Matte als Mitte einer Uhr vor. Die Vorderpfoten des Hundes stehen im Zentrum, Ihre Füße auf 6 Uhr und die Hinterpfoten des Hundes auf 12 Uhr.		
1. Bauen Sie eine Bestärkungshistorie für diese Position und relative Ausrichtung zu Ihnen auf. Variieren Sie den Belohnungsort, indem Sie das Futter hinter von 12 Uhr werfen, sodass der Hund gerade auf seinen »Platz« zurückkommt.	Auf der Matte stehen in der 12 Uhr Position.	Auf der Matte und manchmal hinter dem Hund.
2. Halten Sie Ihre Hände zusammen auf Hüfthöhe, sehen Sie weiterhin Richtung Uhrmitte und machen Sie dann einige winzige Schritte Richtung 9 Uhr.	Wenn der Hund Ihre Bewegung mitgeht und sich Richtung 3 Uhr bewegt.	Auf der Matte Ihnen gegenüber.

3. Erarbeiten Sie sichere Bewegungen in beide Richtungen, jeweils mindestens einen halben Kreisbogen, also mindestens 180°. Achten Sie auf flüssige Bewegungen und beobachten Sie dabei das Bewegungsmuster der Hinterbeine (Bewegung 1).	Wenn der Hund einen halben Kreis absolviert hat.	Auf der Matte Ihnen gegenüber.
4. Beginnen Sie mit Bewegung 1 und wenn der Hund 6 Uhr erreicht, gehen Sie nach links (Bewegung 2). Nutzen Sie den Schwung von Bewegung 1 und den Drang des Hundes, mit den Vorderbeinen auf die zweite Matte zu treten.	Wenn der Hund einen halben Kreis absolviert hat.	Auf der Matte Ihnen gegenüber.
5. Arbeiten Sie weiter an der Flüssigkeit der Bewegungen und achten Sie dabei darauf, dass der Rücken möglichst gerade bleibt. Vermeiden Sie es, unkoordiniertes Bewegen von Hinter- und Vorderbeinen zu bestärken.	Synchrone Bewegungen der Hinter- und Vorderbeine.	Ihnen gegenüber.

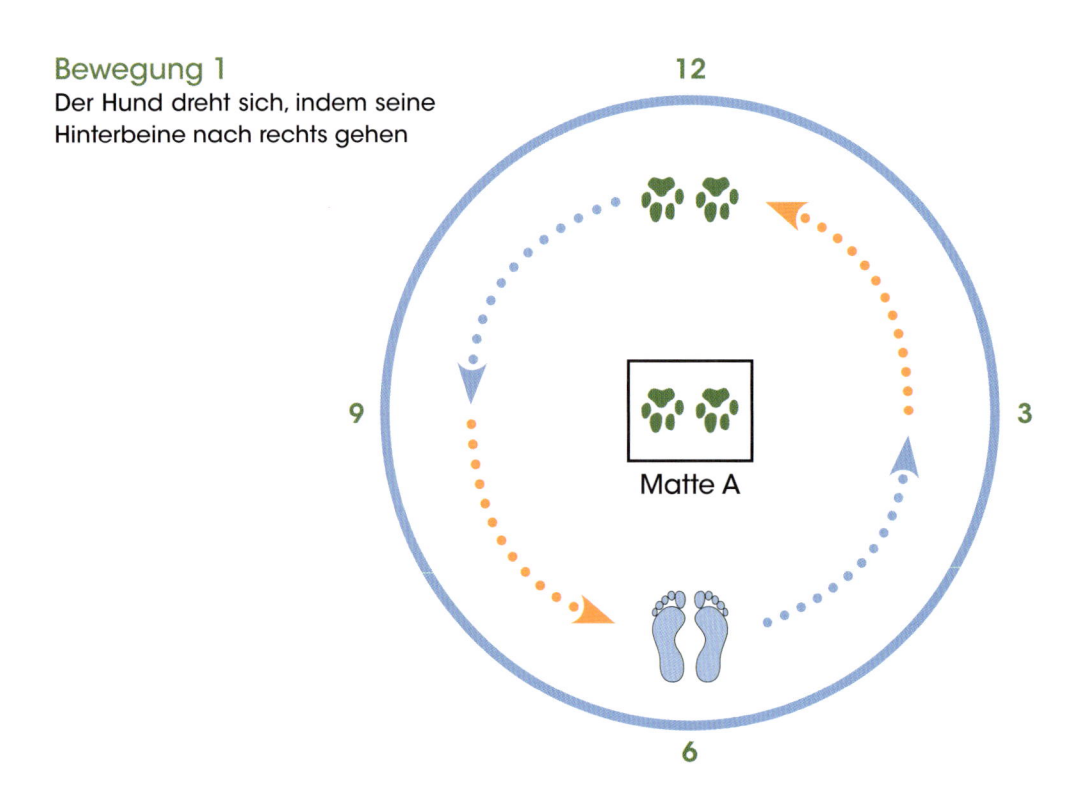

Bewegung 1
Der Hund dreht sich, indem seine Hinterbeine nach rechts gehen

Matte A

Bewegung 2

Der Hund dreht sich und geht dann sowohl mit den Hinter- als auch mit den Vorderbeinen nach rechts.

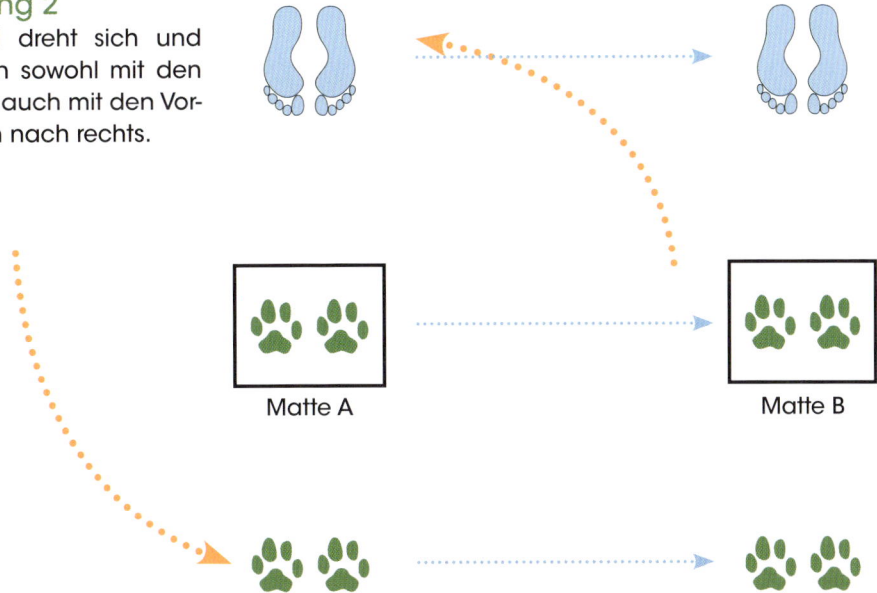

Matte A　　　　　　　　　　Matte B

Üben Sie in beiden Richtungen. Es ist ganz natürlich, dass dem Hund die eine Seite leichter fällt als die andere. Achten Sie darauf, auf der steiferen Seite öfter zu üben.

Führen Sie das Signal ein

Das Signal entwickelt sich beim Lernen. Hunde sind Meister darin, leichte Veränderungen des Körperschwerpunkts wahrzunehmen, die einer Bewegung vorausgehen. Bevor Ihr Bein den ersten Schritt der Bewegung eins macht, senkt sich Ihre entsprechende Schulterseite ein wenig. Das Senken der Schulter erlernt der Hund als Signal und reagiert darauf mit einer synchronisierten Bewegung. Wenn Sie diese Bewegung in anderen Positionen nutzen wollen, zum Beispiel in der Fußposition, dann führen Sie für jede Richtung ein eigenes Signal ein oder verwenden Modifizierungssignale.

Spiel 4.16 Flexigility: Lämmersprung

Übung für: Junghunde, Erwachsene / Sportler, Sprungfertigkeiten, Wahrnehmung von Hindernissen, Muskelspannung.

Benötigte Vorkenntnisse: Schnick-Click. Hand Target.
Üben Sie Ihre Bewegungen, bevor Sie den Hund dazu nehmen.

Sie benötigen: Hulahoop-Reifen, leichte Sprungstange, gut sichtbare, hüpfende Leckerchen.

Alle Hunde sollten strukturiert Springen lernen. Wenn sie es für sich alleine lernen, springen sie natürlicherweise auf das Hindernis, um hinüberzukommen. Die Natur hat Hunde nicht dafür gemacht, blind über ein Hindernis zu springen, ohne dass sie zuvor den Landeplatz sehen konnten. Diese Sprungtechnik in Kombination mit instabilen Hindernissen, wie z.B. Stangen oder Drahtzäunen, führen zu einer ungesunden, verkrampften Sprungtechnik. Gesunde Sprünge verlaufen in einem sauberen Bogen, mit nach vorne ausgestreckten Vorderbeinen, nach hinten ausgestreckten Hinterbeinen und einer leicht gebogenen Wirbelsäule. Die Kraft kommt aus den Hinterbeinen.
Ein Lämmersprung ist ein Sprung in die Luft, bei dem der Hund in der gleichen Stelle wieder landet. Sehr oft springen dabei die Vorder- und die Hinterläufe gleichzeitig ab. Lämmer sind die Experten darin. Die Kraft kommt dabei aus den Pfoten. Verletzungen beim Springen entstehen durch ungeeignete Untergründe, bei denen mangelnder Grip zu einem schlechten Absprung führt oder der Aufprall zu hart oder rutschig ist. Das Größenwachstum muss abgeschlossen sein, bevor man den Knochen den Aufprall der Landung zumutet. Die Koordination kann allerdings durch niedrige Sprünge trainiert werden.

Trainingsschritte	Sie clicken	Ort der Belohnung
Lämmersprung 1. Knien Sie sich vor Ihren stehenden Hund. Halten Sie die Stange in der rechten Hand, auf Bodenhöhe rechts neben den Hund. Halten Sie Futter in Ihrer linken Hand leicht hinter Ihrem Körper.	Wenn der Hund über die Stange tritt.	So, dass der Hund wieder vor Ihnen, aber auf der linken Seite der Stange in der neuen Ausgangsposition steht.
2. Arbeiten Sie daran, dass der Hund mit steigendem Selbstvertrauen und mehr Schwung über die Stange tritt, bis er leichte Hopser über die Stange anbietet. Dann beginnen Sie, die Stange ein kleines bisschen anzuheben.	Wenn der Hund seitwärts über die Stange hüpft.	So, dass der Hund wieder vor Ihnen, aber auf der linken Seite der Stange in der neuen Ausgangsposition steht.
3. Erarbeiten Sie eine flüssige Seitwärtssprungbewegung und erhöhen Sie dabei die Stangenhöhe, allerdings höchstens bis Ellbogenhöhe des Hundes. Dann bewegen Sie die Stange in die entgegengesetzte Richtung, wenn der Hund springt. Da Sie einen Sprung mit Landung auf dem gleichen Fleck erzielen wollen, muss die Stange aus dem Landebereich entfernt werden.	Auf der Stelle springen bei sich bewegender Stange.	In der Ausgangsposition.

Um zu erreichen, dass Sie bei diesem Verhalten stehen können, fädeln Sie ein Seil durch die Stange. Befestigen Sie ein Seilende in Hüfthöhe, sodass die Stange frei schwingen kann wie ein Springseil.

Führen Sie ein Signal ein
Sie benötigen ein verbales Signal oder eine Handbewegung, um beim Lämmersprung die Stange weglassen zu können.

Reifensprung 1. Halten Sie den Hulahoop-Reifen in Ihrer rechten Hand und werfen Sie ein Start-Leckerchen weit nach rechts, damit sich der Hund gerade dem Reifen nähern kann (1). Locken Sie den Hund von rechts nach links durch den auf dem Boden aufstehenden Reifen.	Wenn der Hund sich auf den Reifen konzentriert.	Werfen Sie das Futter weit genug, damit der Hund weiter vorwärts läuft.

Während der Hund sein Leckerchen holt, drehen Sie sich um 180° und locken Sie ihn erneut mit Ihrer linken Hand durch den Reifen. Werfen Sie das Leckerchen erneut weit genug, damit sich der Hund darauf vorbereiten kann, durch den Reifen zu laufen.

2. Erhöhen Sie schrittweise die Höhe, bis der Hund springt. Wechseln Sie den Reifen in die andere Hand und trainieren Sie beide Richtungen, sodass der Hund auch von hinten kommt und Sie das Leckerchen nach vorne werfen.	Durchspringen des höher gehaltenen Reifens.	Werfen Sie das Futter weiter weg.

Der Reifen kann als Target für andere Hindernisse eingesetzt werden und eignet sich hervorragend, um die Körpersprache beim Springen zu generalisieren.

Spiel 4.17 Sport-Übung: Zergeln

Übung für: Erwachsene / Sportler, Konzentration, Muskelspannung Beine und Rücken.

Benötigte Vorkenntnisse: Zergeln mit einem Spielzeug. Sicherheitsregeln müssen bereits erlernt sein.

Sie benötigen: Langes Zergel, weiches, leicht dehnbares, gut zu haltendes Material, rutschfester Untergrund.

Zergeln ist perfekt geeignet, um Muskelspannung, Kraft und Beweglichkeit zu fördern. (Außerdem habe ich dabei ungeheure Kraft in den Oberarmen bekommen, mir den Hals gezerrt und wundere mich manchmal, warum ich Rückenschmerzen habe. Denken Sie daran, Ihren Rücken gerade zu halten. Nutzen Sie Ihr Gewicht, nicht die Kraft Ihrer Arme oder Hände und haben Sie so viel Spaß wie möglich.) Der Hund muss Spaß am Zergeln haben. Die Kraft des Bisses ist irrelevant, jedoch muss der Hund das Zergel halten. Wärmen Sie den Hund für diese Übungen zuvor immer gut auf und kühlen ihn anschließend wieder ab.

Trainingsschritte	Sie clicken	Sie belohnen
1. Beginnen Sie mit einem ausbalancierten Zergelspiel. (Seite 147). Lassen Sie den Hund anfangs oft gewinnen, indem Sie loslassen oder lassen Sie sich »mitreißen«.	Kräftiges Gewinner-Zergeln.	Mit Weiterzergeln oder einer Pause.
2. Wenn der Hund mit einer tiefen Kopfhaltung zergelt, lassen Sie sich mitziehen oder den Hund denken, dass er gewinnt. Versuchen Sie den Hund in dieser tiefen Haltung zu belassen und achten Sie auf Kontraktionen der Rückenmuskeln (ähnlich wie bei der Spielverbeugung) und auf gespreizte Hinterbeine für einen guten Halt.	Erfolg beim Ziehen, anfangs um guten Körpereinsatz zu bestärken, dann unvorhersehbar.	Mit unvorhersehbaren Pausen (damit Sie und der Hund Ihre Muskeln lockern können).

3. Wenn der Hund diese Übungen absolviert hat, können Sie damit beginnen, so zu zergeln, dass die Vorderpfoten des Hundes dabei leicht angehoben werden und machen dabei die gleichen Bewegungen. Nutzen Sie dabei auch Ihren gesunden Menschenverstand: Wenn der Hund zu groß oder zu schwer für Ihre Größe ist, lassen Sie diese Übung aus.	Das gleiche wie Punkt 2 – mit angehobenen Vorderpfoten.	Mit häufigen Pausen, Sie werden sie brauchen.
4. Wie Schritt 3, jedoch beginnen Sie jetzt, den Hund vorwärts zu ziehen, mit den Vorderpfoten leicht angehoben. Möglicherweise fällt das leichter, wenn der Hund neben Ihnen ist und Sie zusammen gehen. Wenn der Hund zu stark bei der Zugbewegung nach unten ist, lassen Sie das Spielzeug los und ignorieren Sie den Hund – er muss in diesem Spiel kooperieren.	Vorwärtsbewegung bei angehobenen Vorderpfoten.	Mit häufigen Pausen.

Entwickeln Sie die Seitwärtsbewegung der Hinterbeine mit einem ähnlichen Bewegungsmuster. Beginnen Sie mit dem Hund vor Ihnen und zergeln mit angehobenem Kopf. Heben Sie das Zergel an und drehen Sie sich dabei auf der Stelle. Ermutigen Sie den Hund, eher seitwärts zu gehen als zu hüpfen. Sie können dadurch die Beinbewegung für Seitwärtsgehen erheblich verbessern. Achten Sie darauf, beide Richtungen zu erarbeiten und damit auch erst zu beginnen, wenn die benötigte Muskelkraft bereits aufgebaut ist.

Führen Sie das Signal ein
Ein spezielles Signal für dieses Verhalten ist nicht nötig. Der Hund wird lernen, auf Ihre Körpersprache zu reagieren.

5 Futterspiele

Mit Futterspielen können wir vermutlich die Natur am besten imitieren. Obwohl uns Knigge verbietet, bei Tisch mit unserem Essen zu spielen, ist das für Hunde eine ganz natürliche Gelegenheit zur Interaktion, weil wir sowieso 99% seiner Nahrung zur Verfügung stellen (und woher das restliche Prozent kommt, wollen Sie gar nicht wissen!). Von einem einfachen »Wo ist Dein Abendbrot?«, das Sie zuvor im Garten oder Haus versteckt haben, können Motivation und Konzentration auf Ihre Trainingseinheiten übertragen werden. Futter oder der Geruch von Futter können zum Signal für Aufmerksamkeit, Erwartungshaltung und Selbstkontrolle werden – alles Elemente, die wir beim Training haben wollen. So ähnlich wie ein Klassenzimmer im Supermarkt. Für die Schüler ohne Selbstkontrolle ein Desaster, für Schüler mit Selbstkontrolle jedoch aufregend und stimulierend. Bei den meisten dieser Spiele wird das Futter ein bestimmtes Verhalten hervorrufen. Das beschränkt sich sehr oft nur auf diese bestimmten Umstände.

Der Schlüssel dazu, diese Verhalten zu nutzen und aus dem Lockfutter eine Belohnung zu machen, ist die Methode »Neues Signal/Altes-Signal«:

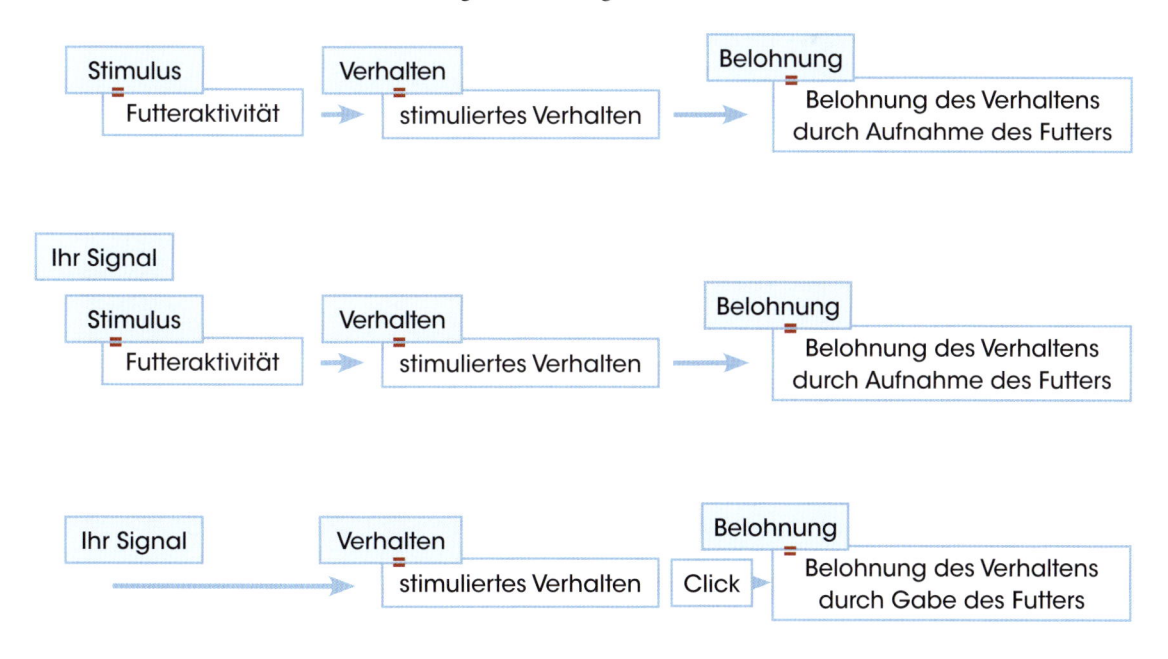

Stimulus	Verhalten	Belohnung
= Futteraktivität	→ = stimuliertes Verhalten	→ = Belohnung des Verhaltens durch Aufnahme des Futters

Ihr Signal

Stimulus	Verhalten	Belohnung
= Futteraktivität	→ = stimuliertes Verhalten	→ = Belohnung des Verhaltens durch Aufnahme des Futters

Ihr Signal → Verhalten = stimuliertes Verhalten | Click | Belohnung = Belohnung des Verhaltens durch Gabe des Futters

Würstchen oder Käsebällchen

Was Sie als Futter verwenden, ist nicht wichtig, es muss jedoch:
- ausreichend motivierend sein, um die Aufmerksamkeit des Hundes zu halten
- es wert sein, hinterherzurennen
- äußerst verführerisch sein und beim Auftreffen auf den Boden hopsen
- leicht zu sehen, zu verfolgen und zu finden sein

Einen Zentimeter lange Stückchen Wiener Würstchen, Party-Würstchen (ich bin sicher, dass sie extra für Hunde erfunden wurden), Käsewürfel oder -bällchen in ungefähr der gleichen Größe sind ideal. Wenn das Futter geworfen wird, sollte es nicht auseinanderbrechen. Es sollte leicht zu werfen und zu finden sein. Diese Spiele kann man nicht auf Gras spielen – auf Gras kann man aber ähnliches mit Spielzeug spielen, wenn der Hund gerne und gut apportiert.

Fertigkeiten

Sie müssen werfen können. Klar, jeder kann werfen. Von wegen! In den vielen Kursen, an denen ich teilgenommen habe, habe ich schon Apportel auf Autos landen sehen, Bälle oder Seile blieben in Bäumen hängen und eine Tasse Tee wurde mit einem Stück Würstchen versüßt.

Bevor Sie mit Ihrem Hund mit den strukturierten Spielen beginnen, üben Sie, ihm Futter zuzuwerfen und lassen Sie ihn hinter geworfenem Futter hersausen. Dazu werfen Sie das Futter nicht hoch, sondern dicht über den Boden.

Das geht idealerweise mit gebeugtem Knie und einer Armbewegung wie beim Kegeln. Ähnliche Bewegungen gibt es auch beim Bowlen, Boule u.ä., wo der Ball auf dem Boden rollt und niedrig und flach geworfen wird. Der Arm führt die Bewegung fort, auch nachdem der Ball geworfen wurde. Das ist ein ausgezeichnetes Signal für den Hund. Wenn er nicht gesehen hat, wo das Futter hingeflogen ist, sollte Ihre Hand direkt dahin zeigen.

Der Bowling-Wurf mit Weiterführung der Bewegung:

Der Frisbee-Wurf:

Der Dart-Pfeil-Wurf:

Spiel 5.1 Wo ist die Maus?

Übung für: Hohen Grad an Konzentration, Interaktion.

Benötigte Vorkenntnisse: Geschickte, schnelle Hände.

Sie benötigen: Würstchen oder Käse-Bällchen.

Dieses ist eins der besten Spiele überhaupt. Sollte Ihr Hund eine Maus in ihrem Loch verschwinden sehen, wird er dieses Loch vermutlich sehr lange beobachten. Die meisten Mäuse sind zwar nicht so dumm, ihre Nase aus dem Loch in die Schnauze des Hundes zu strecken, aber das weiß der Hund ja nicht. Ein eingefangenes Verhalten, das auf einem stark instinktiv motiviertem Verhalten beruht, kann man sehr leicht und schnell auf eine Vielzahl von Situationen übertragen.

Trainingsschritte	Sie markieren	Ort der Belohnung
1. Setzen Sie sich auf den Boden, der Hund sitzt vor Ihnen und schaut Sie an. Nehmen Sie ein Futterbällchen (das ist die Maus) und legen Sie es zwischen sich und den Hund auf den Boden. Halten Sie Ihre Hand über das Futter, damit sich der Hund nicht selbst belohnen kann.	Nicht clicken. Nehmen Sie einfach Ihre Hand weg, wenn der Hund beobachtet, und halten Sie still.	Futter aus der Hand.
2. Arbeiten Sie an der Selbstkontrolle und guter Konzentration, indem Sie schrittweise Ihre Hand entfernen und so immer weniger das Futterbällchen »beschützen«. Wenn der Hund sich bewegt und das Futter zu stehlen versucht, verdecken Sie es wieder mit Ihrer Hand. Achten Sie darauf, dass der Hund weiterhin auf das Futter lauert.	Wenn der Hund seine Position hält und das Futter belauert, wenn sich die Hand entfernt.	Futter aus der Hand.
3. Wenn Sie Ihren Hund neben dem Futter halten können und der Hund seine Position hält, belohnen Sie, indem Sie das Futter mit dem Zeigefinger über den Boden schnippen. Die Aktion (flüchtendes Futter) wird die Konzentration erhöhen.	Nicht clicken! Die Beobachtung wird durch die Erwartung des flüchtenden Futters verstärkt.	Am Ende der Jagd.

4. Lehren Sie Ihren Hund, dass das Nachlassen der Konzentration zum Verlust des Leckerchens führt. Machen Sie ein Geräusch oder eine schnelle Bewegung mit der einen Hand, während Sie die andere ganz dicht beim Leckerchen halten. Wenn der Hund wegsieht, stehlen Sie das Leckerchen und täuschen Entsetzen vor, dass die »Maus« verschwunden ist.

Nicht clicken! Nachlassen der Konzentration wird mit dem Verschwinden der Maus bestraft.

Keine Belohnung, wiederholen Sie einfach den Übungsaufbau und belohnen Sie, wenn der Hund diesmal die Konzentration hält.

Führen Sie ein Signal ein,

bevor Sie das Leckerchen auf den Boden legen. Sie können das Spiel auch mit dem Leckerchen in Ihrer Hand spielen. Weggeschnipptes Futter führt zu mehr Fokus als geworfenes, weil ersteres unberechenbarer ist.

Spiel 5.2 Renn ... Schnell!

Übung für: Sehr gute Konzentrationsfähigkeit, Sprint auf Signal, Richtungssignale.

Benötigte Vorkenntnisse: Gute Fähigkeiten in der »Bowling-Wurftechik« von Leckerchen (s.S. 113), Einführung von neuen Signalen.

Sie benötigen: Würstchen- oder Käsebällchen. Untergrund, auf dem die Leckerchen gut sichtbar sind.

Eine ausgezeichnete Basisübung, um dem Hund einen Sprint aus dem Stand zu lehren oder aus dem Traben einen »Gang hochzuschalten« in den Galopp. Diese Technik, einer Aktion oder einer instinktiven Reaktion ein Signal voranzustellen, lässt sich leicht demonstrieren.

Trainingsschritte	Der Hund lernt	Ort der Belohnung
1. Werfen Sie ein Leckerchen, das der Hund hetzen darf – und zwar so weit, dass er richtig ins Sprinten kommt. Erarbeiten Sie viel Übung darin, indem Sie immer mit den gleichen, vorhersehbaren Bewegungen werfen.	Ihren Bewegungsablauf. Sprinten führt zur Belohnung.	Jede Jagd wird sofort belohnt und ist außerdem selbstbelohnend. Der Clicker wird nicht benötigt.
Wenn der Hund nur langsam hinter dem Leckerchen herläuft, rennen Sie mit ihm, schnappen ihm gelegentlich das Leckerchen vor der Nase weg und werfen es dann erneut.		
2. Nach etlichen Würfen und Sprints drehen Sie dem Hund den Rücken zu, wenn er sich umdreht, weil er den nächsten Wurf erwartet, und werfen Sie ein Leckerchen nach vorne. Der Hund sollte an Ihnen vorbeirennen und das Leckerchen jagen. Wiederholen Sie das mehrere Male.	Fressen, umdrehen und wieder sprinten.	In größerer Entfernung nach einem Sprint an Ihnen vorbei.
3. Wenn der Hund sich zu Ihnen umdreht, führen Sie Ihr neues Signal ein (»Renn« oder »schnell«), drehen dem Hund den Rücken zu und werfen das Leckerchen. Achten Sie besonders auf die Einhaltung der richtigen Reihenfolge!	Zusätzliches Element – das verbale Signal.	Es gibt immer eine Belohnung – ein fantastisches Spiel!

4. Wenn der Hund sich umdreht und Sie ansieht, geben Sie das neue Signal. Clicken Sie, wenn der Hund losrennt (für das Befolgen des neuen Signals), drehen Sie sich um und werfen das Leckerchen wie zuvor.

Vorwegnehmen des »Umdrehen, Werfen, Rennen, Futter«-Ablaufs.

Immer eine Belohnung.

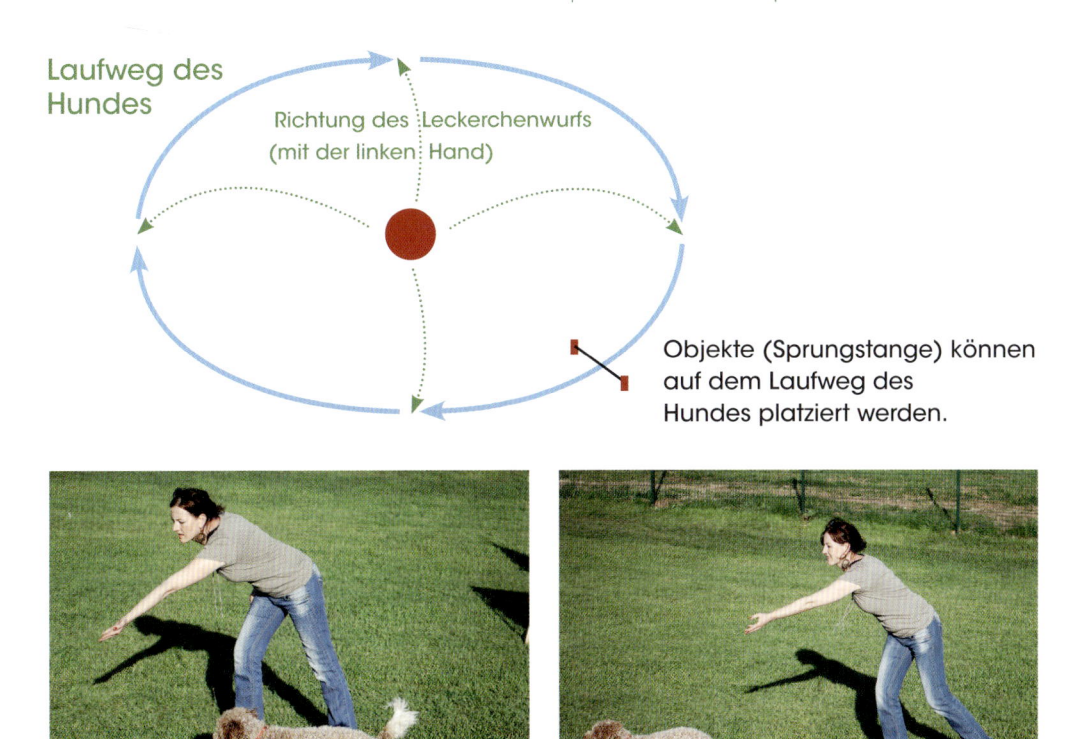

Laufweg des Hundes

Richtung des Leckerchenwurfs (mit der linken Hand)

Objekte (Sprungstange) können auf dem Laufweg des Hundes platziert werden.

Variationen

Rennender Rückruf

Durch eine kleine Veränderung kann man mit diesem Spiel einen schnellen Rückruf trainieren. Wenn der Hund während der Futterjagd auf Sie zurennt (Schritt 2), drehen Sie sich zu ihm um und halten ihm das Leckerchen hin, das Sie nicht geworfen hatten. Wenn der Hund vor Ihnen stoppt, drehen Sie sich wieder vom Hund weg, werfen das Leckerchen und bringen den Hund so wieder in die Ausgangsposition für einen neuen Rückrufsprint. Halten Sie ein gutes Gleichgewicht zwischen dem Wunsch des Hundes, dem Futter hinterher zu jagen, und dem leicht gehemmten Rennen, bei dem er bei Ihnen stoppt.

Rennen und Springen

Bauen Sie hinter sich, leicht seitlich versetzt eine Sprungstange auf. Geben Sie dem Hund viel Sprinterfahrung, bis das »Renn«-Signal als verbales Signal verknüpft ist.
Geben Sie dem Hund das Signal zum Rennen, dann drehen Sie sich um und werfen das Leckerchen hinter das Hindernis. Dadurch lernt der Hund ein tolles Handsignal für »Sprung in dieser Richtung«. Durch die Erwartung des geworfenen Futters lernt er außerdem, nach dem Sprung weiter geradeaus zu laufen.

Folge der Hand

Mit diesem Handsignal kann man den sprintenden oder trabenden Hund in eine bestimmte Richtung schicken. Sie können den Hund lehren, in Richtung eines bestimmten Objekts (an dem das Leckerchen vorbeifliegt) oder einen großen Kreis um Sie herumzulaufen (indem das Leckerchen auf den Kreisbogen geworfen wird).

Spiel 5.3 Distanzarbeit

Übung für: Konzentration auch auf Distanz, Selbstvertrauen auch in Distanz, Verhalten in Distanz.

Benötigte Vorkenntnisse: Gute Wurftechnik, Einführung von neuen Signalen.

Sie benötigen: Würstchen- oder Käsebällchen. Untergrund, auf dem die Leckerchen gut sichtbar sind.

Wenn man unser Training betrachtet, wird klar, dass wir den Hund zu fast 100% immer nah bei uns belohnen. Der Hund geht also recht in der Annahme, dass er am besten zu uns kommt, wenn er einen Click hört. Durch viel Training, Clicks und Belohnungen auf Distanz kann dies ausgeglichen werden.

Trainingsschritte	Der Hund lernt	Ort der Belohnung
1. Lehren Sie den Hund die Wurfaktion. Dabei sollte er etwa halb soweit von Ihnen entfernt sein, wie Sie das Leckerchen werfen können. Werfen Sie entweder aus dem Unterarmschwung wie beim Kegeln, von oben, wie beim Dart, oder mit horizontal geführtem Arm, wie beim Frisbee (Seite 114). Werfen Sie immer gleich und vorhersehbar.	Ihren Bewegungsablauf und die Wurftechnik zu beobachten und zu antizipieren führt zur Belohnung.	Hinter dem Hund. Leicht sichtbar, gut zu jagen und zu finden.

2. Werfen Sie erst, wenn der Hund Sie ansieht. Bewegen Sie sich nicht, wenn er noch das Leckerchen jagt und seine Augen auf dem Boden hat. Sie können clicken, wenn er sich zu Ihnen umorientiert, wenn Sie denken, dass Ihrem Hund das hilft.	Dass »sich umorientieren« den nächsten Wurf auslöst.	Hinter dem Hund.
3. Beginnen Sie mit der einleitenden Armbewegung, indem Sie die Hand in die Ausgangsposition für den Wurf bringen, wenn sich der Hund zu Ihnen umwendet. Dort stoppen Sie die Bewegung. Wenn der Hund stillsteht, machen Sie weiter und werfen das Leckerchen. Sie können auch clicken, wenn es dadurch für den Hund leichter wird.	Wenn der Arm anfängt, sich zu bewegen, steh still und warte auf das Futter.	Hinter dem Hund.
4. Unter Verwendung der »Neues Signal/Altes Signal«-Technik fügen Sie ein verbales Signal (wie »Stop«) ein bevor Sie den Wurfarm bewegen. Wiederholen Sie den gleichen Ablauf wie bei Schritt 3. Achten Sie darauf, ob der Hund das Stehenbleiben vorwegnimmt, clicken Sie dieses Antizipieren an und werfen Sie dann das Leckerchen.	Das neue Signal.	Hinter dem Hund.
5. Wenn der Hund zuverlässig auf Entfernung stoppt und die Position hält, können Sie vor dem Click weitere Signale einfügen. Verbale Signale sind bei der Distanzarbeit effektiver als Handsignale.	Konzentration, Beobachten, auf ein Signal warten und Position nach dem Click halten.	Hinter dem Hund oder direkt in sein Maul, wenn Sie so gut zielen können!

Variationen

Freies Formen auf Distanz

Das ist besonders wertvoll für den Aufbau von Selbstvertrauen auf Distanz. Verhalten, die Sie schon in kurzer Distanz geformt haben, können Sie mit den gleichen Lernschritten noch einmal auf Distanz formen. Formen Sie zunächst das Verhalten, dass der Hund zu einer Decke oder einem größeren Stück Teppich zurückläuft, nachdem er das Leckerchen gefressen hat. Der Teppich darf aber nicht weiter von Ihnen entfernt sein, als Sie zielgerichtet werfen können. Dieses ist Ihre »Formungs-Fern-Station«. Sobald der Hund zuverlässig auf seine Formungsstation zurückläuft, beginnen Sie, bereits gelernte Verhalten auf diese Entfernung neu zu formen, möglichst mit dem gleichen Trainingsweg wie zuvor. Anfangs ist das Formen mit Hilfe von Targets vielleicht sehr hilfreich.

Stopp-Positionen aus dem Rückruf

Die »Stopp«-Technik kann mit dem »Renn...Schnell«-Signal (Spiel 5.2 Seite 116) kombiniert werden, um jede Position aus dem Rückruf zu trainieren. Das Ziel ist ein schneller Start in den Rückruf, schnell eine Position einnehmen und Fortsetzung des Rückrufs zu Ihnen. Der Hund beginnt aus einer stationären Position (Sitz oder Platz), Sie rufen ihn mit Ihrem »Schnell«-Signal und werfen wie erwartet das Leckerchen von sich weg. Bei manchen Wiederholungen drehen Sie sich zu Ihrem Hund um und geben das »Stopp«-Signal und dann das Signal für die Position. Die Ausführung kann dann mit einem »Schnell«-Signal belohnt werden, Sie drehen sich um und werfen das Futter, usw. Es ist wichtig, dass der Hund sehr viel Übung in den »Stopp« und »Renn...Schnell«-Spielen hat, bevor Sie die beiden miteinander kombinieren. Wechseln Sie diese beiden Spiele unvorhersehbar miteinander ab. Da die beiden Verhalten gegensätzlich sind, müssen Sie sie sorgfältig ausgewogen spielen.

Das Signal einführen

Das Signal »Halt« oder »Stopp« kann eingeführt werden und sollte als eigenes Verhalten betrachtet werden, das auch für sich genommen belohnt wird, anstatt nur die anschließenden Signale zu bestärken. Vermeiden Sie, Signale für ein bereits bekanntes Signal wie »Sitz« oder »Platz« zu geben, um den Hund zu stoppen. Wenn Sie diese so trainiert haben, dass der Hund dabei nahe bei Ihnen war, wird er versuchen, zu Ihnen zurückzukommen, um bestärkt zu werden. Der Ablauf wird stattdessen sein: Auf Sie zurennen, »Stopp«, Click, Belohnung zuwerfen, »Stopp, Sitz«, Click, Belohnung zuwerfen usw.

Spiel 5.4 Hier entlang

Übung für: Umdrehen im Sprint, hier entlangrennen.

Benötigte Vorkenntnisse: »Renn…Schnell«-Spiel (Spiel 5.2), gute Wurf-Fertigkeiten, Einführung von neuen Signalen.

Sie benötigen: Sehr große Würstchen- oder Käsebällchen. Eingezäunte, kurzgemähte Rasenfläche.

Dieses Verhalten kann lebensrettend sein. Wenn man es sorgfältig, regelmäßig und präzise trainiert, kann man es dazu nutzen, einen hinter einem Kaninchen hersprintenden Hund zu stoppen. Man macht sich das angeborene Verlangen des Hundes, kooperativ zu jagen, zunutze, um den Hund per Signalwort oder Pfeife aus dem Hetzen abzurufen, damit er mit Ihnen zusammen Ihre Beute jagt (den Ball oder das Leckerchen).

Trainingsschritte	Der Hund lernt	Ort der Belohnung
1. Frischen Sie das »Renn…Schnell«-Spiel (5.2) wieder auf. Führen Sie als neues Signal den Namen des Hundes, ein Pfeifsignal oder »Hier lang« ein. Wenn der Hund auf Sie zuzurennen beginnt, belohnen Sie das mit einem Futterwurf und rennen Sie ebenfalls zu dem Leckerchen oder Ball. Das wird den Hund anregen, seine Geschwindigkeit beizubehalten, um die Beute als Erster zu ergattern. Um mithalten zu können, werfen Sie absichtlich ein- oder zweimal so, dass Sie gewinnen.	Ihren Bewegungsablauf und die Wurftechnik zu beobachten und zu antizipieren führt zur Belohnung.	Vor Ihnen und dem Hund.
2. Wenn dieses Verhalten gut sitzt, schicken Sie den Hund, ein Leckerchen zu jagen. Wenn er ungefähr auf halber Strecke ist, geben Sie Ihr »Hier lang« Signal und machen weiter wie oben beschrieben. Der zusätzliche Reiz, dass Sie der anderen Belohnung hinterherrennen, sollte den Hund von dem ersten Leckerchen umorientieren. Wenn er sich nicht umdreht, geben Sie beim nächsten Versuch das Signal, sobald Sie das erste Leckerchen geworfen haben. Versuchen Sie, so zu werfen, dass die zweite Beute schneller erreicht werden kann. Je dichter der Hund der ersten Beute ist, desto schwieriger ist es, den Hund umzuorientieren.	Sich von einer Beute abzuwenden, um die Gelegenheit auf eine eventuell bessere nicht zu verpassen.	Wenn der Hund sich aus dem vollen Sprint umdreht, belohnen Sie mit der zweiten Beute und mehreren kurzen Würfen/Leckerchenjagden, um hieraus einen Jackpot zu machen.

Frischen Sie das Verhalten immer wieder auf, indem Sie es separat üben. Wenn der Hund zu oft aus der Leckerchen-Jagd abgerufen wird, wird er beginnen, langsamer zu laufen oder zu stoppen. Das kann nützlich sein, wenn Sie nicht wollen, dass Ihr Hund hetzt, wird Sie aber auch bei den Variationen des Spiels 5.2 einschränken.

6 Spiele, die Hunde spielen

Hunde können von Natur aus »tanzen«. Oft ist es ihr Ausdruck von Glücklichsein, der sie zum Tanzen motiviert. Mein Gordon Setter Welpe, der einmal ein Rettungssuchhund werden soll, begleitete mich mit auf den Hügel, um in der Lammzeit die Schafe zu zählen. Er war nicht an den Schafen interessiert, sondern liebte es, seine Nase in die aufsteigenden Winde auf dem Hügel zu stecken, und drehte sich, um all die verschiedenen Düfte aufzufangen. Ich denke, die Windrichtungen wechselten auf dem Hügel hin und her und brachten so all die Gerüche aus dem Tal herauf und in seine Nase. Er »tanzte« im Wind.

Heute spielen gerade zwei Collie-Geschwister miteinander im Garten. Jeder hat sein Lieblingsspielzeug. Um den Spielpartner zu necken, tanzen sie herum, schleudern das Spielzeug in die Luft, schütteln es, lassen es auf dem Boden liegen und tanzen darum herum, springen darauf und hüpfen hin und her.

Wir können diese Momente einfangen und auch das gute Gefühl, das sie mit sich bringen. Nur ein gesunder Hund, der sich sicher und zufrieden fühlt, würde diese Verhalten zeigen. Spielen ist der natürliche Weg, Lernen zu erkunden, und geschieht nur, wenn es dem Tier gut geht.

Es ist umstritten, ob man ein Verhalten, das durch eine Emotion ausgelöst wird, einfangen und damit die Emotionen wieder hervorbringen kann. Können wir »Glücklichsein« auslösen? Können wir Emotionen verändern, indem wir das Verhalten verändern? Es gibt Beweise für letzteres, und ich suche nach Beweisen für das erste.

Das freie Formen von Tanzbewegungen kann sowohl ganze Körperbewegungen umfassen als auch ganz kleine Bewegungen von Gesicht oder Pfoten.

Beweg nur Dein ....

Eine der wichtigsten Fertigkeiten beim Formen oder beim Training allgemein ist, zu vermitteln, dass es ein bestimmter Teil der Bewegung oder des Verhaltens ist, welchen wir einfangen möchten. Man kann schnell eine Pfotenbewegung bekommen, aber wir müssen immer auch betrachten, wie sich der Rest des Hundekörpers derweil bewegt.

Wenn wir die Pfotenbewegung einfangen, während der Hund sitzt, wird sich der Hund höchstwahrscheinlich setzen, wenn wir das Signal »Pfote« geben. Wenn wir kleinste Bewegungen einfangen, und diese erfolgreich isolieren können, bevor wir sie unter Signal setzen, können wir daraus eine große Vielfalt an zusammengesetzten Verhalten entwickeln.

Dies ist eine exzellente Lernübung für den Hund. Sie lehrt ihn große Konzentration auf eine kleine Bewegung, während sein restlicher Körper diese Bewegung unterstützt. Kleine, unter Signalkontrolle stehende Bewegungen lehren Flexibilität und neue Bewegungen. Nur selten würde ein Hund von sich aus auf seinen Hinterbeinen sitzen und sich mit den Vorderpfoten das Gesicht waschen. Doch durch das Einüben von »Männchen«, »Beide Pfoten« und »Gesicht« können wir dieses neue Verhalten zusammenstellen.

Wo immer es möglich ist, werden diese Bewegungen eingefangen, wenn der Rest des Körpers in einer Position »platziert« ist. Wir können Kopfbewegungen formen, wenn der Hund in entspannter Haltung liegt. Wenn der Rest seines Körpers »außer Dienst« ist, kann sich der Hund auf kleinere Bewegungen konzentrieren, anstatt von anderen größeren Bewegungen davon abgelenkt zu werden.

Deshalb ist die Grundlage für das Formen von kleinen Bewegungen, den Hund in eine »Hintergrund-Position« zu stecken. Zum Beispiel: Geben Sie einem erfahrenen Hund das »Liegen« Signal oder formen Sie einen unerfahrenen Hund in diese Position und achten Sie darauf, die Leckerchen so zu geben, dass der Hund sich nach dem Click nicht bewegen muss. Sie müssen sie ihm nicht unbedingt direkt ins Maul geben, sondern können sie z.B. auch zwischen die Vorderbeine werfen. Nach zehn oder fünfzehn Wiederholungen sollte das Herauszögern eines Clicks nicht dazu führen, dass der Hund aufsteht, sondern in der Position bleibt und vielleicht eine kleine Bewegung mit seinem Kopf oder seinen Vorderpfoten anbietet.

Arnold lernte eine gesamte Verhaltenskette mit neun Verhalten mittels dieser Technik:

»Bist Du soweit?«	Er geht in die Verbeugung.
»Du solltest Dich eigentlich hinsetzen«	Hüften klappen runter ins Löwenplatz.
»Ist das bequem so?«	Er sinkt ins entspannte Liegen.
»Das sieht aber unordentlich aus«	Er klappt eine Vorderpfote unter.
»Magst Du mit einkaufen kommen?«	Kopf nimmt eine schläfrige Haltung ein.
»Oder lieber Cricket spielen?«	Kopf schießt hoch, aufmerksam und interessiert.
»Wir könnten auch Fußball spielen«	Er legt sich flach auf die Seite.
»Was hältst Du von *****?«	Er hebt ein Bein senkrecht in die Luft.
»Nein, nein, was hältst Du WIRKLICH von *****?«	Er rollt sich auf den Rücken und hält sich die Pfoten vor das Gesicht.

(***** ersetze ich jeweils durch den Ort, wo wir diesen Trick gerade vorführen)

In dem Moment beendet dann die Bestärkung durch das Lachen des Publikums die Kette. Er lernte diese Verhalten alle aus der Platzposition – er bot an, was ihm in der Situation gerade gefiel und wir stellten es zu einer Kette zusammen. Ich wählte das, was er anbot, so aus, dass eine schrittweise Abfolge möglich war, aber es waren alles natürliche Bewegungen von ihm. Er schlief oft mit einem Bein in der Luft oder auf dem Rücken. Es war eine ausgezeichnete Übung für Wahrnehmung, Kreativität und Gedächtnisleistungen.

Walzer, Salsa, ChaChaCha?

Neben der Fähigkeit, lernen zu können, Körperteile auch einzeln bewegen zu können, sind Hunde sehr gut darin, Bewegungsmuster zu lernen, besonders, wenn sie sich diese Muster selber ausgesucht haben.

Als wir mit Tessie trainierten, ihre Vorderpfoten auf eine Matte zu stellen, war sie so versessen auf das Futter, dass sie nie auf die Matte achtete, sondern sich auf der Stelle drehte und darauf wartete, dass es unter ihren Pfoten auftauchte. Daraus wurde langsam ein regelmäßiges Muster, und als ich die Matte entfernte, bekamen wir eine tolle Jazztanz-Schrittfolge: zwei Schritte zurück, zwei zur Seite, vorwärts, vorwärts, stillstehen.

Der Schlüssel beim Training solcher regelmäßigen Muster besteht darin, den Hund jedes Mal von der gleichen Stelle wieder anfangen zu lassen. Irgendetwas in dieser Situation oder der Ausrichtung zu Ihnen löst das Verhalten aus. Sie können die Bewegungen erweitern oder sich wiederholen lassen und einen kleinen Tanz daraus formen.

Spiel 6.1 Freie Bewegungen: Marschieren

Übung für: Kleine Bewegungen: Rechts-Links-Unterscheidung, kontrolliertes Gleichgewicht.

Benötigte Vorkenntnisse: Freies Formen.

Sie benötigen: Nichts.

Die natürlichste Pfotenbewegung, die man formen kann, ist das Treten auf der Stelle. Bewegungen einzelner Pfoten können am besten mit Targets für jede Pfote eingefangen werden. Sie werden eine sehr gute Beobachtungsgabe benötigen, um diese Bewegung zu antizipieren und den Hund mit dem Belohnungsleckerchen wieder in die Ausgangsposition zu locken.

Trainingsschritte	Sie clicken	Ort der Belohnung
1. Beginnen Sie mit dem stehenden Hund vor Ihnen. Achten Sie auf leichteste Verlagerungen des Körperschwerpunktes.*	Verlagerung des Körperschwerpunkts.	In der Anfangsposition.
2. Verstärken Sie den Grad der Verlagerung, bis der Hund aussieht, als ob er schunkelt.	Deutlichere Verlagerungen des Schwerpunktes in beide Richtungen.	In der Ausgangsposition.
3. Achten Sie darauf, ob sich eine der Pfoten anhebt, der Hund einen Schritt vorwärts oder seitwärts macht.	Sich bewegende Pfoten.	In der Ausgangsposition.
4. Steigern Sie den Grad der Bewegung und die Wiederholungen.	Schnellere oder höhere Pfotenbewegungen.	In der Ausgangsposition.

Sie können ein bewusstes Schunkeln mit dem Anheben der Pfoten entwickeln oder ein schnelles Tänzeln auf der Stelle, wobei der Hund mit den Pfoten trippelt. Lassen Sie sich die Bewegungen entwickeln, wie der Hund sie vorschlägt.

5. Die Bewegung der Hinterpfoten kann genauso trainiert werden, wobei es aber schwieriger ist, dies einzufangen.	Bewegung der Hinterpfoten.	In der Ausgangsposition.

* Denken Sie daran, dass Ihre Körpersprache einen starken Einfluss auf Ihren Hund hat. Wenn Sie dasitzen und den Hund anstarren, als ob er Ihre morgige Mahlzeit wäre, wird er sich sehr unwohl fühlen und wahrscheinlich keine fröhlich gesinnten Bewegungen anbieten.
Wenn Sie wie festgefroren sitzen, wird Ihr Hund das wahrscheinlich spiegeln.
Versuchen Sie, entspannt und mit Interesse zuzusehen, aber nicht zu fixieren. Seien Sie animierend bei der Leckerchengabe und spielen Sie vielleicht sogar ein bisschen mit den Belohnungen in Ihrer Hand rum, zappeln Sie ein wenig auf dem Stuhl, um das Gespräch zu eröffnen.

Spiel 6.2 Freie Bewegungen: Kopf

Übung für: Bewegungen selbst anbieten, Rechts-Links-Unterscheidung, Konzentration vom Futter lösen.

Benötigte Vorkenntnisse: Keine, ideal für Anfänger. Bei komplexeren Bewegungen wird Erfahrung im Formen benötigt.
Sie benötigen: Nichts.

Dies ist eine fundamentale Übung, die perfekt geeignet ist, die Selbstwahrnehmung für kleine Bewegungen zu schulen. Ideal für Anfänger.

- Der Hund lernt, den Kopf in einer bestimmten Richtung oder einem bestimmten Winkel zu bewegen.
- Der Hund lernt, seine Konzentration vom Futter zu lösen

Es wäre sehr verlockend, ein Target für diese Übung zu verwenden, aber der Hund konzentriert sich dann wahrscheinlich mehr auf die Interaktion mit dem Target als auf die Bewegung, die daraus resultiert. Für diese Übung ist freies Formen ohne Target und ohne Locken sehr förderlich.
Es ist das geeignetste Verhalten, um das Konzept einer selbst initiierten Aktion zu lehren.

Trainingsschritte	Sie clicken	Ort der Belohnung
1. Beginnen Sie mit dem Hund in einer bequemen Körperhaltung, wie im Sitzen oder Platz.	Das Halten dieser Position.	Füttern Sie in der Position.

2. Bei Anfängern nehmen Sie jegliche Kopfbewegungen, zum Beispiel seitwärts, als Reaktion auf ein Geräusch oder nach unten, um am Boden zu schnuppern.	Alle Kopfbewegungen.	So, dass der Kopf wieder in die neutrale Ausgangsposition kommt.
3. Etablieren Sie erst diese kleinen Bewegungen, bevor Sie ausladendere Bewegungen erwarten. Lassen Sie die Wahrnehmung des Hundes sich entwickeln.	Halten Sie nach dem »Aha!«-Moment Ausschau.	So, dass der Kopf wieder in die neutrale Ausgangsposition kommt.
4. Bauen Sie die Bewegung aus und arbeiten Sie an einem flüssigen Ablauf. Die Geschwindigkeit der Bewegung bewirkt mit zunehmendem Schwung ganz von alleine die Größe der Bewegung.	Größere Bewegungen.	Drehen Sie mit der Leckerchengabe seinen Kopf in die entgegengesetzte Richtung.

Variationen

Lehren Sie Kopfdrehungen in beide Richtungen, damit sich die Muskulatur gleichmäßig entwickelt. Achten Sie darauf, dass das Kinn waagerecht bleibt und der Hund den Blickkontakt zu Ihnen und dem Futter unterbricht. Ununterbrochener Blickkontakt wird das Verhalten hemmen.

Im Kreis drehen
Aus diesem Anfangsverhalten eine Drehung im Kreis aufzubauen ist nicht schwierig. Wenn die Kopfbewegung stärker wird, beginnen Sie die Fußbewegungen zu clicken, die diese Bewegung unterstützen, bis der Hund einen Schritt wegmacht. Erhöhen Sie schrittweise das Kriterium, bis der Hund eine volle Umdrehung macht. Wenn diese Bewegung an Schwung gewinnt, wird dadurch schnell ein Herumflippen draus. Für Freestyle ist das nicht geeignet, da bewirkt ein Targetstab für die Nase einen besser geformten Kreis. Trainieren Sie beide Richtungen, um eine gleichmäßige Beweglichkeit zu erzielen.

Nicken und Schläfrig
Nicken ist nicht die gleiche Muskelbewegung wie schläfrig. Beim Nicken bewegt sich das Kinn Richtung Brust.
Beim schläfrigen Kopf streckt sich der Nacken vorwärts und das Kinn sinkt in der Platzpostion auf den Boden oder auf ein Objekt oder eine Hand.
Vermeiden Sie die Verwechslung der beiden Bewegungen. Beides sind ausgezeichnete Übungen und Lernstrategien für einen Hund mit eingeschränkter Mobilität.

Kopf fragend schräg halten

Diese Bewegung konnte ich nur dann erfolgreich einfangen, wenn ich ein wimmerndes Geräusch machte und sie damit auslöste. Nutzen Sie den ursprünglichen Reiz, um das Verhalten aufzubauen und zu perfektionieren und führen Sie dann ein neues Signal ein.

Führen Sie das Signal ein

Jede Bewegung verdient ein eigenes Signal. Kopfbewegungen in Richtung des Objekts oder einer Person können tolle Tricks mit Handsignalen werden. Wenn Sie über ein bestimmtes Thema sprechen: »Magst Du gerne einkaufen gehen?«, können Sie das Handsignal für »Müde« geben und bei »Möchtest Du Fußball spielen?« geben Sie das Signal für »aufspringen« oder »interessiert gucken«.

Spiel 6.3 Freie Bewegungen: Gesicht

Übung für: Kleine Bewegungen, Verändern von Emotionen, WOW, das bin ICH?

Benötigte Vorkenntnisse: Keine. Perfekt für lernschwache Hunde.

Sie benötigen: Nichts.

Das Erlernen von Bewegungen nur kleinster Teile der Gesichtsmuskulatur erfordert ein hohes Maß an Selbstwahrnehmung und Kontrolle. Menschen haben Schwierigkeiten, nur eine einzelne Augenbraue zu bewegen, ganz zu schweigen von einzelnen Ohren. Hunde können alle diese Muskeln mit Finesse kontrollieren, um verschiedenste Gesichtsausdrücke zu zeigen. Für Hunde, die in leicht beängstigenden Situationen sind, können eingefangene Bewegungen des Gesichts entspannend wirken und Sie werden sehen, wie sie sich besser fühlen.

- Erlernen von sehr feinen Bewegungen
- Lernen, Körpersprache zu unterscheiden

Trainingsschritte	Sie clicken	Ort der Belohnung
1. Beginnen Sie mit dem Hund in einer bequemen Haltung wie Sitz oder Platz.	In der entspannten Haltung bleiben.	So, dass er die Position hält.

2. Für Anfänger: Wählen Sie eine Bewegung im Gesicht, die der Hund anbietet und bauen sie je nach Wunsch aus.	Muskelbewegungen.	So, dass er die Position hält.

Achten Sie darauf, diese Bewegung von anderen zu isolieren und auf ein entspanntes Tempo beim Geben der Belohnung.

Variationen

Die meisten der Gesichtsbewegungen können hervorgerufen werden. Wählen Sie als Reiz einen, den Sie kontrollieren können, damit Sie durch Verwendung dieses Signals Wiederholungen auslösen können, bis die Bewegung flüssig ist. Sie sehen vielleicht einen wunderbaren Gesichtsausdruck, während Ihr Hund gerade pupst, jedoch ist dieser Stimulus außerhalb Ihrer Kontrolle. Geläufigkeit darin zu erreichen wäre eher ungesund!

Lippenlecken
Hmmm .... lecker.
Dieses Lecken sollte kein Anzeichen von Ängstlichkeit sein. Stimulieren Sie es mit köstlichen Leckerchen, besonders mit solchen, die sich um den Mund herum verschmieren und deren Reste dann von den Lippen geleckt werden, wie Streichkäse, Paté, krümelige Leber oder ein Löffel Honig.

Naserunzeln oder Lächeln
Manche Hunde zeigen dieses Verhalten als Beschwichtigungssignal bei Begrüßungen, wobei man es gut einfangen kann. Vielleicht können Sie das Verhalten auch fördern, indem Sie dem Hund sehr langsam Futter anbieten (es lange festhalten), sodass er seine Lefzen zurückzuziehen beginnt, um daran zu kommen. Das ist nicht für alle Hunde geeignet.

Ohrenbewegungen
Wenn sich der Hund stark auf das Training, Ihr Futter und eventuelle Signale konzentriert, löst ein entferntes Geräusch vielleicht eine Ohrbewegung aus, aber nicht eine ganze Kopfdrehung. Testen Sie ein paar Geräusche, die Sie auslösen können oder die vorhersehbar sind. Auch Ihre Stimmlage oder lebhafte Gespräche können Ohrbewegung auslösen.

Das Signal einführen
Die meisten dieser Verhalten werden durch ein anderes Ereignis hervorgerufen. Lösen Sie diese Ereignisse aus, arbeiten Sie an der Qualität und Flüssigkeit und legen Sie es dann auf das endgültige Signal.

Spiel 6.4 Freie Bewegungen: Entspannung

Übung für: Entspannen der Muskeln, Dauer der Entspannung, Assoziation mit Sicherheit.

Benötigte Vorkenntnisse: Verwendung von alternativen Markersignalen, Berührungen als Belohnung.

Sie benötigen: Ein warmes, bequemes und sicheres Umfeld.

Clickertraining ist eher kontraproduktiv beim Trainieren von entspanntem Verhalten. Der Click löst ein Gefühl von Aufregung und Erfolg aus, einen »WOW!«-Moment, es richtig gemacht zu haben und das Versprechen, etwas Gutes zu bekommen. Clickertraining ermutigt Aktivität, Erregung, Erwartung und Interaktion. Für Entspannung benötigt man das Gegenteil: ein Gefühl von Sicherheit, Behaglichkeit, langsameren Herzschlag und Erwartung von Schlaf. Wenn das Training vorangeschritten ist, kann es entweder mit einem verbalen Markersignal oder einer Handberührung markiert werden. Die Belohnung wird ein langes, sanftes Abstreichen, das weitere Entspannung fördert.

Trainingsschritte	Sie markieren mit einer Berührung	Ort der Belohnung
1. Suchen Sie sich eine Umgebung, in der sich der Hund sicher fühlt und die bequem für Sie und den Hund ist. Der Hund sollte neben Ihnen sein, sodass Sie ihn mit der Hand berühren können. Streicheln Sie ihn für drei Sekunden. Wenn der Hund näher kommt oder mehr Aufmerksamkeit möchte, beginnen Sie wieder zu streicheln.	Aktives Verlangen, weiterzumachen.	Streicheln der Seite oder der Brust des Hundes.

Versuchen Sie zu erreichen, dass der Hund die Beingelenke entspannt. Das Ergebnis entspannter Gelenke wäre ein flaches Liegen auf der Seite. Arbeiten Sie sich langsam in diese Richtung vor.

2. Prüfen Sie, ob das Gesicht und die Atmung entspannt sind. Die Zunge sollte schlabberig sein und keine Anzeichen von Stress zeigen, die Augen sollten weich sein und die Ohren entspannt. Der Hund sollte sich weiter entspannen, wo Sie ihn streicheln. Bei Hunden mit Schlappohren nehmen Sie die Ohren in die Hand und massieren Sie die Ohrbasis.	Aktives Verlangen, weiterzumachen. Immer, wenn der Hund mehr Kontakt sucht. Streicheln Sie weiterhin sehr langsam.	Unter dem Kinn, Fingerspitzen auf dem Kopf, Abstreichen der Ohren.
3. Massieren Sie erst um die Schultergelenke herum und dann um die Hüftgelenke. Sobald Sie sehen, dass sich der Hund weiter entspannt, beginnen Sie in dem Bereich zu streicheln.	Die fortschreitende Entspannung bewirkt das Fortsetzen des Streichelns.	Mit der flachen Hand langsam vom Hinterkopf in Richtung Schwanz streichen.
4. Durch Streicheln der Seite, des inneren Oberschenkels und unter der Brust wird sich der Hund so zurechtlegen, dass Sie diese Stellen gut erreichen können. Das ist ein gutes Zeichen für Entspannung.	Vollständige Entspannung, Vertrauen in Ihre Hände, bewirkt, dass Sie weiterstreicheln.	Viel Kontakt der flachen Hand mit dem Rumpf.

Diese Handberührung kann zum Signal für diesen Entspannungsprozess werden. Die Körperregion, die Sie streicheln, ist die, die der Hund entspannen soll.

7 Spiele zur Selbstkontrolle

Selbstkontrolle ist eines der größten Geschenke, die Sie einem Jungspund machen können. Das Erlernen von Selbstkontrolle ist Erwachsenwerden. Es bedeutet, dass wir nicht immer haben können, was und wann wir es wollen. Vielleicht müssen wir Geld sparen oder uns Ferientage aufheben oder warten, bis wir ein größeres Haus haben, bevor wir einen weiteren Welpen zu uns nehmen.

Selbstkontrolle umfasst die Fähigkeit, Ablenkungen zu ignorieren und sich auf den anstehenden Job zu konzentrieren. Zu lernen, nicht alles zu jagen, was sich bewegt. Zu lernen, aufgeregt zu sein, aber nicht durch die Decke zu gehen. Wir lieben unsere Welpen aus den verschiedensten Gründen, aber oft lieben wir sie wegen ihres Mangels an Selbstkontrolle.

Ihre spontanen Reaktionen auf ein flatterndes Blatt, ihre Freude, uns wiederzusehen, ihr Vergnügen daran, mit uns zusammen sein zu können, ihnen beim Spielen mit einem Spielzeug zuzusehen. Ohne dass wir darauf achten, bestärken wir diese Verhalten. Erwachsen zu werden bedeutet nicht das Ende aller Freuden, es bedeutet nur eine Veränderung des Spaßes. Wir beginnen mit mehr Spielen für Erwachsene, wo der schmale Grat des Erfolgs nur einen Schritt von der Niederlage entfernt ist.

Wir alle müssen unseren Hunden Selbstkontrolle beibringen. Das ist ein zentraler Punkt unserer Gesellschaft. Lernen, dass nicht alle Aktionen der Nachbarn verbellt werden müssen, er sich im Park auf Sie konzentrieren soll, er sich nicht wegen Besuchern aufregen soll, er keine anderen Hunde, Katzen, Kinder, Fahrräder, Autos usw. jagen soll. Wenn wir Selbstkontrolle mithilfe von Spielen trainieren, können wir den Spaß ins Training holen und bekommen durch diesen Prozess eine außergewöhnlich gute Reaktion auf die Kontrollwerkzeuge.

Viele Leute verdienen sich mit Spielen ihren Lebensunterhalt: Tennis, Golf, Kartenspiele, Surfen; Aktivitäten, die Spaß machen, aber auch ernster Konkurrenzkampf sein können. Genauso ist es auch für Ihre Hunde: Manche werden die Spiele als puren Spaß betrachten (nur, um Ihnen eine Freude zu machen), andere werden knallhart gewinnen wollen.

Spiele brauchen Regeln

Ohne Regeln können Spiele mit Hunden sehr schief gehen. Vielleicht spielen wir gerade Zergeln, aber »versehentlich« beißt der Hund/Welpe die Hand, die das Spielzeug hält. Wenn das zur Gewohnheit würde, würden wir nicht nur nicht mehr spielen wollen, sondern der Hund würde außerdem lernen, dass er das Spielzeug bekommt, wenn er die Hand beißt, die das Spielzeug hält. Und das ist wirklich das falscheste, was der Hund nur lernen kann. Wenn zwei Hunde miteinander zergeln, endet es meistens so, dass einer das Zergel gewinnt. Die Taktik ist, sein eigenes Maul immer näher an den Gegner heranzurücken, bis dieser zurückweicht und sein Ende loslässt. Das ist kein Zufall. Der Besitz eines Spielzeugs ist eine Herausforderung. Sie werden sie lösen, indem Sie das Spiel sofort beenden und diese Gewohnheit gar nicht erst entstehen lassen. Das ist eine Regel, und Sie werden sich daran halten müssen, wenn Sie in Zukunft mit Ihrem Hund zergeln wollen.

Selbstkontrolle ist wie ein Muskel

Stellen Sie sich Selbstkontrolle als Muskel vor: Sie können die Stärke durch regelmäßige Wiederholungen, wachsenden Widerstand (Gewicht) und zunehmende Dauer trainieren. Flexibilität können Sie mit einer Reihe von Spielen aufbauen und dann auf Situationen des realen Lebens übertragen.

Der junge Boxerrüde, der ein selbstgewähltes Sitz halten kann, während ein Spielzeug im Raum herumfliegt, kann diese Selbstkontrolle auf die Begrüßung von Kindern übertragen. Wir werden verschiedene Stufen erarbeiten, um diesen Übertragungsprozess zu vermitteln, aber genau wie ein Targetobjekt ein Verhalten hervorrufen kann, kann ein Spielzeug zu einem Signal für Selbstkontrolle werden. Das Kind bekommt das Spielzeug und der Hund wird auch für das Kind Selbstkontrolle aufbringen können.

Jagen, hetzen, töten, zerreißen

Die meisten Spiele mit hohem Erregungspotenzial, die Sie mit Ihrem Hund spielen, sprechen Elemente des Jagdverhaltens an. Diese sind natürlicherweise lebensbedrohlich für Beutetiere und können auch gefährlich für den Räuber und seine Mitjäger sein. Sicherheit für Sie, den Hund und die Umwelt hat erste Priorität. Spielzeuge können jederzeit neu gekauft werden, aber Ihr Rücken ist unersetzlich. Ein ungeschickter Sprung nach einem Spielzeug kann zu einer Verstauchung führen und Verletzungen bedeuten eine Spielpause von mehreren Wochen.

Belohnungen

Die Belohnungen während des Spielens müssen auf jeden Hund individuell angepasst werden. Lernen Sie zu lesen, wie Ihr Hund gerne mit anderen Hunden spielt. Achten Sie darauf, woran er am meisten Spaß hat. Manche bevorzugen Rennspiele, andere spielen lieber zergeln. Sie können nur ermitteln, was bestärkend wirkt, indem Sie darauf achten, ob das Verhalten, das Sie zu bestärken versuchen, auch tatsächlich stärker wird. Spiel kann auf verschiedenen Ebenen belohnt werden, indem man die Intensität auf einem hohen Niveau steigert oder stocksteif auf einem niedrigen Niveau bleibt.

Der Clicker

Für die meisten Spiele benötigen Sie einen Clicker. Wenn der Hund den Click bisher nur mit Leckerchen verknüpft hat, nehmen Sie sich etwas Zeit, um ihn auch mit Spielen zu konditionieren. Beginnen Sie zu spielen und clicken Sie, wenn Sie Spaß haben. Steigern Sie das Erregungsniveau, machen Sie es aufregender und clicken Sie häufig, während Sie spielen. Die Spiele werden sich in der Intensität verändern, also sollten Sie den Hund für Blickkontakt clicken, während Sie das Spielzeug halten. Nach dem Click kann dann ein aufregenderes Zergelspiel folgen.

Wenn Sie einen Clicker beim Spielen benutzen, seien Sie sehr pingelig im Timing Ihres »Spielen«-Signals. Wenn Sie dem Hund erlauben, das Spiel auf den Click zu beginnen, ist das das gleiche, als ob Sie ihm erlauben, Ihnen das Futter aus der Hand oder dem Leckerchenvorrat wegzuschnappen. Sie kontrollieren den Zugang zum Futter und genauso müssen Sie den Zugang zum Spiel kontrollieren.

Der Ablauf ist folgender:
   Click (bis drei zählen) .... Signal »Spielen« geben .... Spielzeug anbieten

Wenn man instinktive Reaktionen erarbeiten möchte, wird dem erfolgreichen Verhalten fast simultan die Fortsetzung des Spiels folgen. Sogar ich kann in diesen Momenten nicht immer rechtzeitig clicken. Wenn die Belohnung also so dicht wie möglich auf das Verhalten folgt, an dem Sie arbeiten, wie ein guter fester Griff, müssen Sie nicht unbedingt einen Clicker verwenden. Heben Sie ihn sich für die Momente auf, in denen es eine zeitliche Lücke zwischen Lernen und Belohnung gibt.

Bestrafung

Fehler sind unvermeidlich: Der Hund wird immer wieder Taktiken ausprobieren, die zu keinem Ziel führen. Diese Fehler sind meistens auf zu viel Enthusiasmus oder einen Mangel an Kontrolle bei Erregung zurückzuführen.

Fehler können sein:
- In Ihre Hand beißen
- Sie anspringen
- Hochspringen und nach dem Spielzeug schnappen
- All dieses wird bestraft – was in unserer Welt bedeutet, dass er die Gelegenheit zum Spielen verliert. Ooooooooooooooch, keinen Spielspaß mehr:
- 1. Nehmen Sie das Spielzeug und knuddeln Sie es in Ihren Händen zusammen und halten Sie es gegen Ihre Brust.
- Der Hund darf keinen Zugang zu dem Spielzeug bekommen. Wenn der Hund Sie weiterhin

anspringt, um das Spielzeug zu bekommen, nehmen Sie ein Buch (nicht dieses!!) oder ein Klemmbrett, um das Anspringen abzuleiten.
- 2. Drehen Sie sich Richtung Wand oder einer anderen Begrenzung, sodass der Hund keinen Zugang zu Ihrer Front bekommt.
- 3. Vermeiden Sie Blickkontakt und bleiben Sie in dieser Position für fünfzehn Sekunden, wenn nötig länger.

Sobald die »Zeitstrafe« abgelaufen ist, drehen Sie sich um und beginnen Sie zu spielen, als wäre nichts geschehen (auch wenn Ihre Finger noch schmerzen). Wenn der gleiche Fehler nochmal passiert, verlängern Sie die »Zeitstrafe« auf dreißig Sekunden. Meistens kommt es zu diesen Fehlern, weil der Hund müde wird, die Konzentration nachlässt oder er übererregt ist. Eine längere Pause bietet eine größere Chance für eine Erholung. Wenn derselbe Fehler noch ein drittes Mal passiert, ist der Hund zu müde oder zu erregt für diese Situation. Packen Sie das Spielzeug weg und machen Sie Schluss für diesen Tag.

Erregungsniveau

Das Erregungsniveau des Hundes wird im Laufe des Spiels ansteigen, das heißt, er wird aufgeregter und weniger in der Lage sein, sich selber zu kontrollieren:
- 1. Das Spiel nähert sich dem entscheidenden »Kill«-Moment.
- 2. Das Spiel dauert bereits eine lange Zeit an.

Wenn beide Elemente zusammentreffen, kann sich das Erregungsniveau zu sehr erhöhen und der Hund hat keine Chance, sich selber zurückzuhalten.

Das Maß an Selbstkontrolle zeigt sich durch die Fähigkeit des Hundes, sich in Erregung entspannen und auf bekannte Signale reagieren zu können.

Wenn Sie dem Hund das Spielzeug wegnehmen und er Sie direkt anspringt, um es zurückzubekommen, ist er übererregt. Sie können ein weniger aufregendes Spielzeug nehmen, weniger lang spielen oder ein weniger aufregendes Spiel spielen. Während des Spielens müssen Sie ständig auf das steigende Erregungsniveau und die Anzeichen von Erschöpfung achten. Wenn Sie an der Fähigkeit des Hundes arbeiten, von Erregung zu Selbstkontrolle zu wechseln, werden Sie schrittweise mit beliebteren Spielzeugen, aufregenderen Spielen oder längeren Spielen arbeiten, aber immer nur ein Element auf einmal verändern.

Länger spielen zu können baut mentale Ausdauer und längere Konzentrationsfähigkeit auf.

Sich abregen lernen

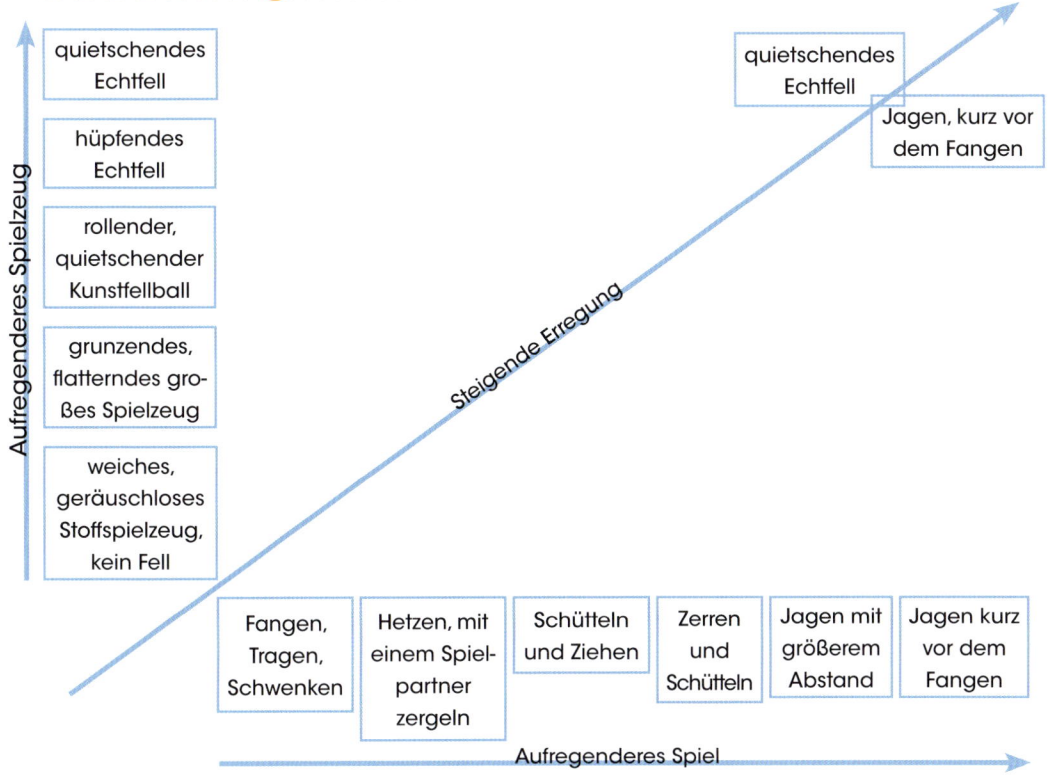

Aufregenderes Spielzeug (y-Achse, von unten nach oben):
- weiches, geräuschloses Stoffspielzeug, kein Fell
- grunzendes, flatterndes großes Spielzeug
- rollender, quietschender Kunstfellball
- hüpfendes Echtfell
- quietschendes Echtfell

Steigende Erregung (Diagonale, oben rechts): quietschendes Echtfell, Jagen, kurz vor dem Fangen

Aufregenderes Spiel (x-Achse, von links nach rechts):
- Fangen, Tragen, Schwenken
- Hetzen, mit einem Spielpartner zergeln
- Schütteln und Ziehen
- Zerren und Schütteln
- Jagen mit größerem Abstand
- Jagen kurz vor dem Fangen

Welches Spielzeug und welche Spielweise welches Erregungsniveau auslöst, ist von Hund zu Hund unterschiedlich. Erfahrung und Übung werden außerdem die Vorlieben verändern.

Fast alle Hunde werden ganz schnell aufgeregt, wenn sie mit einem quietschenden Echtfellspielzeug ein Spiel spielen, das im Jagdverhalten kurz vor dem Töten seine Entsprechung hätte. Wenn die noch »lebende Beute« aus dem Maul des Hundes gerade noch einmal entwischt, wird der Hund beim Wiedereinfangen so hart und schnell wie noch nie zuvor zubeißen.

Wenn Sie daran arbeiten, das Erregungsniveau zu erhöhen, lehren Sie auch unbedingt das »wieder Herunterfahren«.

Wenn Sie das Spielzeug weggenommen haben, geht es bei neun von zehn Fällen mit dem Spielen weiter. Beim zehnten Mal wird das Spiel beendet. Entwickeln Sie ein Ritual, um das Spiel zu beenden: Nehmen Sie das Spielzeug, stecken Sie es weg (ich klemme es mir meistens unter die Achsel), zeigen dem Hund Ihre leeren Hände, leinen den Hund an oder lassen ihn sich hinlegen und ihn mindestens zehn Minuten in Ruhe. Ich nutze diese Zeit, um mir Notizen zu machen.

Sie können die Spiele in einen Ablauf einbinden: Spiele, Abregen, Spiele, Abregen und so weiter. Die Dauer der Spiele ist abhängig von der körperlichen Fitness des Hundes, seiner mentalen Ausdauer und seiner Impulskontrolle.

Warum spielen?

Spielen ist das Klassenzimmer der Natur. Junge, satte Lämmer spielen in Gruppen Rennspiele und »Wer ist hier der Boss?«; Welpen spielen Ringen, Anschleichen und Belauern, Spielzeug zerlegen und Umwelt erkunden.

All diese Verhalten sind Training für das reale Leben. Hier werden die Fertigkeiten gelernt, die man für das Leben braucht. Collies üben Anschleichen und Belauern. Die Gordons stehen Blaumeisen vor, und sie alle üben, beim Ergattern von wertvollen Ressourcen, Futter, Spielaufforderungen und so weiter den anderen eine Nasenlänge voraus zu sein.

Während des Spielens konzentriert man sich meistens darauf, das Spiel zu gewinnen, was den Spieler antreibt, sich mehr anzustrengen, um nicht zu verlieren. Kleine Verluste sind Lernerlebnisse und das Hin und Her zwischen zwei Spielern ist normal, aber beide Spieler werden es vermeiden, völlig eingeseift zu werden.

Während des Spielens sind unsere Sinne am schärfsten. Körperlich läuft alles auf Vollgas, wir sind wachsam, sehr aufmerksam, total fokussiert und trauen uns mehr als wir uns normalerweise trauen würden. So wünsche ich mir meinen Hundepartner, besonders bei der Arbeit, in Wettkämpfen und bei Auftritten.

Clickertraining hat unsere Fähigkeiten erweitert, ziemlich jedem Hund eine gute Bandbreite von Verhalten zu lehren. Wir haben den Rückruf aus dem Garten, ein Sitz, wenn Gäste kommen, ein Warte, während wir das Auto öffnen. Und wir alle wissen, dass diese Dinge perfekt klappen, wenn es nichts anderes in der Umwelt gibt, das eine bessere Bestärkung verspricht. Indem wir spielen und diese Verhalten in diese Spiele einbeziehen, bringen wir dem Hund bei, dass in den aufregenden Spielsituationen der Spaß nur weitergeht, wenn die gewünschten Verhalten ausgeführt werden. Das Weiterspielen ist eine hochwertige Bestärkung für die richtige Reaktion und der Hund lernt, das Verhalten auch in aufregenderen Situationen auszuführen. Das ist die wahre Funktion des Spiels – eine Generalprobe für das Leben.

Bei Jagdspielen mit Rudelmitgliedern wird die Bindung zwischen den Mitgliedern gestärkt.

Hunde jagen kooperativ und töten oft als Gruppe, besonders bei großen Beutetieren, die man überhaupt nur mit mehreren Hunden erlegen kann. Sie werden also nicht nur eine starke Assoziation herstellen, dass Sie ein wesentliches Teammitglied sind, sondern auch vermitteln, dass man durch Kooperation Zugang zu aufregendem und spannendem Jagen, Beutemachen und Töten erhält.

Sie werden außerdem die verborgenen Tiefen der Persönlichkeit Ihres Hundes kennenlernen, die in anderen Situationen nicht zutage treten würden, deren Entschlossenheit und Empfindlichkeiten. Ihr Engagement oder ihre unbekümmerte Akzeptanz von Niederlagen. Sie werden sehen, wie sich die Konzentration Ihres Hundes entwickelt, wie seine unverfälschte Natur zum Vorschein kommt. Manchmal ist das ziemlich beunruhigend, aber völlig normal, und Sie werden Reaktionen sehen, die Sie überraschen werden.

Beängstigende Instinkte wecken

Ein Hund, der hochgradig erregt ist, könnte Sie möglicherweise beißen. Wenn Sie das Spielzeug nehmen und es sich auch nur ein bisschen animierend bewegt, ist es der Instinkt des Hundes, es erneut zu greifen. Manche Sie es sich zur Gewohnheit, Ihre Arme sehr still zu halten, das Spielzeug schlaff hängen zu lassen und es sehr vorsichtig und ohne plötzliche Bewegungen in Ihre Sicherheitsverwahrungsposition (das ist meins!) verschwinden zu lassen. Wenn das Spielzeug in die Höhe flattert oder wenn es zu schnell zappelt, während Sie es fangen, erkennt Ihr Hund darin vielleicht, dass das Spielzeug (die Beute) noch lebt und dabei ist, wieder zu entkommen. Seine instinktive Reaktion wird sein, mit den Zähnen danach zu schnappen, um Ihnen beim »Töten« zu helfen.

Wenn Ihr Hund nicht zu solchen instinktiven Reaktionen neigt, ist das ein Schlüsselmoment, ihn etwas hochzufahren. Eine echte Beute würde nicht zurück in sein Maul springen, sondern mit allen Mitteln zu entkommen versuchen. An einer Reizangel ist das letzte Aufbäumen der Beute leicht zu simulieren und damit der Instinkt des Hundes, es zu »töten«, herauszufordern. Vermeiden Sie, das Spielzeug in Richtung Hund zu bewegen – werden Sie ruhig etwas dramatisch bei der bevorstehenden Flucht und verbünden Sie sich zum Wiedereinfangen mit Ihrem Partner.

Wenn der Hund das Spielzeug häufig wieder loslässt oder darauf herumbeißt, nehmen Sie es bei jeder sich bietenden Gelegenheit weg und beginnen Sie eine gemeinsame Hetzjagd.

Behalten Sie im Auge, dass Sie beim Spielen den Tötungsinstinkt Ihres Hundes anregen. Sie werden ihn aber durch das Spiel kontrollieren und dafür einen hoch konzentrierten, wetteifernden Partner bekommen.

Spielzeuge

Suchen Sie nach Spielzeugen, die sowohl Ihnen als auch Ihrem Hund liegen. Leider spielen die meisten Zoofachhändler nie selbst mit Hunden, weshalb die meisten käuflichen Produkte nicht für unsere Art von Spielen geeignet sind.

Vermeiden Sie:
- Harte Seil-Ball-Zergel: Diese können ins Zahnfleisch einschneiden, und weil sie nicht elastisch sind, können Ihre Schultern und möglicherweise der Nacken des Hundes gezerrt werden.
- Tennisbälle: Verwenden Sie diese nur sehr sparsam. Das Material der billigen Produkte ist nicht strapazierfähig, besonders bei solchen, die als Hundespielzeug vermarktet werden und das Oberflächenmaterial schleift den Zahnschmelz ab.

Gut sind:
- Zergel: Geflochtener Stoff mit einer gewissen Dehnbarkeit. Fleece oder weicher Stoff kann gewaschen werden. Es sollte einen Knoten am Ende haben, damit der Hund es besser packen kann und einen Griff für Sie, der lang genug, damit Sie sich beim Spielen nicht nach vorne beugen müssen.
- Futterdummy: Eine Stofftasche oder Socke mit Futter, die an eine Reizangel oder an ein Zergelseil gebunden werden kann.
- Echtes oder künstliches Fell, das man um etwas Stabileres herumwickeln oder integrieren kann, wie zum Beispiel ein Zergelspielzeug.

Handfertigkeiten

Einen Clicker und ein Spielzeug gleichzeitig festzuhalten ist schon eine Herausforderung für sich. Üben Sie das, bevor Sie das Spiel starten und seien Sie nicht überrascht, wenn Sie gelegentlich »Fehlschüsse« clicken. Sie müssen den Clicker schnell griffbereit haben. Die Art der Spiele bedingt, dass die Verhalten, die Sie clicken wollen, sehr schnell passieren.

Üben Sie Reizangeln:
Üben Sie, das Spielzeug auf dem Boden um sich herum zu bewegen. Leichtere Spielzeuge sind leichter in Bewegung zu halten und zum Leben zu erwecken. Schnippen Sie das Spielzeug von der 12 Uhr-Position schnell auf 6 Uhr. Legen Sie einen Target auf den Boden und üben Sie, mit dem Spielzeug darauf zu landen. Lassen Sie das Spielzeug auf den Target fallen und drehen Sie den Griff so, dass es so aussieht, als ob das Spielzeug in den letzten Zügen liegt. Arbeiten Sie eine Strategie aus, das Spielzeug mit der Reizangel zu bewegen und den Clicker zu bedienen.

Spiel 7.1 Selbstkontrolle: Keks oder ich?

Übung für: Belohnungsregeln, Selbstkontrolle.

Benötigte Vorkenntnisse: Halten von Futter und Clicker in einer Hand, Handtarget oder Targetstab.

Sie benötigen: Targetstab, Hand oder Objekt.

Das ist eine fundamentale Übung für Training mit Futter oder anderen Belohnungen. Je stärker das Verlangen nach der Belohnung ist, desto stärker wird das Verhalten werden. Hunde mit großem Interesse an Futterbelohnungen können anstrengend sein, wenn sie auf das Futter fixiert sind, Ihre Hände abkauen oder unfähig sind, sich auf das Lernen zu konzentrieren. Das Futter wird zur Ablenkung statt einer Motivation. Die Anwesenheit oder der Geruch von Futter sollte beim Hund das Default-Verhalten »Was kann ich für Dich tun?« auslösen. Etablieren Sie das mit verschiedenen Arten von Futter und später auch mit verschiedenen Spielzeugen.

Trainingsschritte	Sie clicken	Ort der Belohnung
1. Setzen Sie sich auf Augenhöhe zu Ihrem Hund und halten Sie Ihre Hand mit einigen Stückchen Futter auf Nasenhöhe. Stellen Sie sicher, dass der Hund das Futter bemerkt. Schließen Sie die Hand leicht, sodass Selbstbedienung nicht möglich ist. Erlauben Sie, dass der Hund Ihre Hand bearbeitet.	Jede Pause, Schritt rückwärts aus Frustration.	Geben Sie dem Hund ein Stückchen Futter aus der anderen Hand.
3. Frischen Sie das Targetverhalten wieder auf: Entweder mit der Nase an Ihre Hand oder an einen Targetstab. Setzen Sie sich und halten Sie sowohl die leicht geschlossene Hand mit Futter als auch die Targethand bzw. den Targetstab in gleichem Abstand zur Hundenase. Er sollte in der Lage sein, beides mit einer leichten Kopfbewegung zu erreichen. Die Wahl ist also »Keks oder ich?«	Berühren des Targets: Vom Futter wegbewegen, um ein einfaches Verhalten konzentriert richtig auszuführen.	Nehmen Sie mit Ihrer Targethand ein Stück Futter und geben Sie es dem Hund.

Legen Sie großen Wert auf die Qualität des Targetverhaltens. Es sollte perfekt sein, keine halben Sachen, keine Entschuldigungen für Ausführungen, die nicht gut genug sind.

4. Beginnen Sie, den Abstand zum Target zu vergrößern, bringen Sie den Target sogar hinter den Hund, sodass er sich an den Target erinnern muss, und nicht durch ein visuelles Signal dazu aufgefordert wird.	Berührung des Targets.	Stückchen Futter mit der Targethand geben.
5. Arbeiten Sie daran, dass der Hund länger die Position am Target hält oder bauen Sie ein »Einchecken bei Ihnen« auf, indem Sie ein Futterschälchen auf den Boden oder auf Nasenhöhe stellen. Der Hund ist dabei an der Leine.	Dauer, längeres Abwenden der Konzentration vom Futter.	Stückchen Futter mit der Targethand geben.

Selbstkontrolle an der Leine

1. Legen Sie ein Stück Futter auf Nasenhöhe (auf einen Stuhl oder Hocker) und decken Sie es mit Ihrer Hand ab. Bestärken Sie auch in dieser Situation wie bei Schritt eins und zwei. Im nächsten Schritt legen Sie das Futter auf den Boden.	Einen offensichtlichen Schritt rückwärts oder eine andere Geste von Selbstkontrolle.	Nehmen Sie das Stück Futter mit Ihrer anderen Hand und geben es dem Hund.
2. Legen Sie das Futter auf eine spezielle Markierung wie eine Matte oder einen Plastikdeckel. Arbeiten Sie an seiner Selbstkontrolle beim Gehen an Ihrer Seite für mindestens zehn Schritte.	Freiwilligen Blickkontakt zu Ihnen.	Machen Sie einen Schritt in Richtung der »Futterstelle«.
3. Nähern Sie sich schrittweise der »Futterstelle« (Belohnungsstation). Bei einem freiwillig angebotenen Blickkontakt gehen Sie einen Schritt näher zum Futter, bei Verlust der Selbstkontrolle gehen Sie einen Schritt zurück.	Bessere Selbstkontrolle. Es wird umso schwieriger, je näher Sie der Belohnungsstation kommen.	Machen Sie einen Schritt in Richtung der Futterstelle. Wenn Sie dort eintreffen, nehmen SIE das Futter und geben es direkt dem Hund.

Selbstkontrolle in Begrüßungssituationen

1. Platzieren Sie, wie im Übungsaufbau oben, eine Person oder anderen Hund, die den Selbstkontrollverlust bewirken, hinter der Belohnungsstation. Gehen Sie die Übung Schritt für Schritt wie oben durch. Behalten Sie die Kontrolle über die Belohnung und verhindern Sie, dass der Hund die Möglichkeit bekommt, sich selbst zu belohnen.

Das Signal einführen

Die Belohnung selbst wird zum Signal für Selbstkontrolle. Führen Sie kein verbales »Kontroll«-Signal ein. Sie erhalten ein permanentes, lebenslanges Signal für eine Welt voller Belohnungsmöglichkeiten:
Erlaubnis, durch eine Tür hinein- oder hinauszugehen, ins oder aus dem Auto zu steigen, an- oder abgeleint zu werden, Ihre Aufmerksamkeit zu bekommen, Leckerchen, Abendbrot, Streicheln.
Der Hund entwickelt eine gute, wohlgesittete Überzeugung, dass es reichlich Belohnungen gibt, wenn man höflich danach fragt, anstatt sie als sein Recht einzufordern.

Spiel 7.2 Selbstkontrolle: Gib und nimm

Übung für: Selbstkontrolle, gutes Benehmen, kontrolliertes Aufnehmen von Gegenständen.

Benötigte Vorkenntnisse: Spielzeug gut festhalten.

Sie benötigen: Ein attraktives, stabiles Spielzeug, starken Rücken und starke Arme.

Um das Hergeben zu lehren, benötigen wir ein selbstbewusstes Festhalten. Die meisten Welpen schnappen nach beweglichen Gegenständen. Wenn Ihr Hund aber sehr sensibel ist, spielen Sie die »Bauen Sie Aufregung auf«-Spiele, um ein selbstbewusstes Festhalten zu erarbeiten, bevor Sie mit den »Gibs«-Spielen beginnen.

Dies ist eine Schlüsselübung, die die Basis für die Übungen zur Kontrolle des Erregungsniveaus legt und exzellente Gelegenheiten zum Training der Selbstkontrolle bietet. Wenn Sie dem Hund ein Spielzeug anbieten, achten Sie darauf, dass Ihre Gesten und Ihre verbalen Signale mit einer sicheren Präsentation des Spielzeugs einhergehen und dass Sie dem Hund das Spielzeug so geben, dass er dort zupackt, wo Sie das möchten.

Trainingsschritte	Sie clicken	Sie belohnen mit
1. Beginnen Sie mit einem kontrollierten Hund, der auf Sie konzentriert ist. Er kann dazu jede beliebige Haltung vor Ihnen einnehmen. Halten Sie das Spielzeug auf Hüfthöhe, clicken Sie, geben Sie danach das Spielsignal und bieten Sie das Spielzeug an.	Beweis von Selbstkontrolle, keine Erwartung.	Kurzen Spieleinheiten, bis der Hund gut festhält.
2. Wenn der Hund gut festhält, ziehen Sie ihn mit dem Spielzeug zu sich heran. Die Hand, in der Sie nicht den Clicker halten, geht unter den Hals des Hundes, um mit der Handfläche nach oben nach dem Halsband zu greifen. Halten Sie das Halsband nur fest, um weiteres Ziehen zu verhindern. Halten Sie völlig still.	Für den Griff ins Halsband und Stillhalten.	Loslassen des Halsbands und kurze Wiederaufnahme des Spiels (drei Sekunden).
3. Wiederholen Sie, das Halsband zu halten und halten Sie das Spielzeug mit leichtem Zug nach oben. Entspannen Sie sich und fahren Sie mit dem Spiel fort. Der Kiefer des Hundes soll sich leicht entspannen oder sogar das Spielzeug loslassen.	Entspannung des Kiefers oder Loslassen des Spielzeugs.	Loslassen des Halsbands und kurzes Weiterspielen (drei Sekunden).

4. Belohnen Sie weitere Entspannung am Spielzeug bis hin zum völligen Loslassen. Bei entschlossenen oder hoch erregten Hunden kann das mehrere Minuten dauern.	Entspannung des Kiefers oder Loslassen des Spielzeugs.	Loslassen des Halsbands und kurzes Weiterspielen (drei Sekunden).
5. Es ist wichtig, dass der Hund beim Loslassen des Spielzeugs seinen Kopf davon wegdrehen kann. Lassen Sie also das Halsband los, sobald der Hund das Spielzeug frei gibt. Achten Sie darauf, dass der Hund Ihnen das Spielzeug aktiv hergibt, nicht nur darauf, dass Sie es ihm einfach wegnehmen können. Sehr wichtig ist, dass der Hund immer höflich bleibt, denn es ist IHR Spielzeug.	Freigabe des Spielzeugs UND höfliches Zurückweichen.	Kurzes Weiterspielen (drei Sekunden).

Das Signal einführen

Dieses ist das wesentliche Signal und die Basis für Selbstkontrolle in der Zukunft. Bevor Sie Ihre Hand Richtung Halsband bewegen, stehen Sie recht still, spielen nicht mehr weiter, aber halten weiterhin das Spielzeug gemeinsam mit dem Hund und geben das »Aus« oder »Gibs«-Signal. Dann folgt die bekannte Sequenz »Griff ins Halsband – warten – Hund lässt Spielzeug los«.

Sobald der Hund die Sequenz vorwegnimmt und das Spielzeug auf das verbale Zeichen hin aufgibt, nehmen Sie es langsam in Ihre Hände und halten es dicht an Ihre Brust. Das ist ein gefährlicher Moment, denn Sie halten das Halsband nicht mehr fest und der Hund könnte leicht hochspringen, um nach dem Spielzeug zu schnappen. Wenn das Spielzeug unter Verschluss ist, clicken Sie und starten das Spiel neu.

Weiterer Aufbau

Das verbale »Aus«-Signal kann auch mit »beende die Tötungssequenz« gleichgesetzt werden, das sehr erfolgreich auf Jagdsequenzen im wahren Leben übertragen werden kann.

Wenn der Hund geübt darin ist, das Spielzeug abzugeben, steigern Sie das Kriterium und geben Sie das »Aus«-Signal während des Spiels, und nicht nur, wenn Sie beide ruhig und schon teilweise unter Kontrolle sind. Beginnen Sie dabei auf einem niedrigen Erregungsniveau.

Trainieren Sie an dieser Fertigkeit so weit, dass Ihr »Aus«-Signal den Hund stoppt, während er dabei ist, das Spielzeug zu greifen. Beginnen Sie damit bei einem ruhig gehaltenen Spielzeug und fahren Sie fort mit einem Spielzeug an der Reizangel. Sie müssen dabei in der Lage sein, das Spielzeug verschwinden zu lassen, wenn der Hund nicht auf das Signal reagiert.

Wichtig

Achten Sie darauf, dass Sie das Hergeben wesentlich öfter üben, als Sie Spiele beenden, damit es nicht zum Signal für »Spiel vorbei« wird. Wenn jedes Ausgeben das Spiel komplett beendet, verschlechtert sich das »Aus«-Verhalten und wird immer zögerlicher ausgeführt.

Für Hunde, die das Spielzeug lieber jagen und hüten als zu packen, folgt der Freigabe die Spielsequenz, die sie am besten finden und kann ebenfalls leicht vom Hund begonnen werden.

Reagieren Sie nur dann auf die Freigabe, wenn Sie das Verhalten bekommen, was Sie haben wollen: Das Spielzeug in Ihre Hand legen oder zu Ihren Füßen fallen lassen. Bestärken Sie möglichst nicht, wenn der Hund es außerhalb Ihrer Reichweite fallen lässt.

Spiel 7.3 Taktik: Erregung aufbauen

Übung für: Instinktive Reaktionen, Beute auflauern, Griffkraft, selbstbewusstes Spielen.

Benötigte Vorkenntnisse: Umgang mit der Reizangel.

Sie benötigen: Reizangel, Kunstfell, Quietschie, Flummy.

Manche Hunde sind zu sensibel, um solche Spiele mit Ihnen zu spielen. Zergeln wird hauptsächlich mit Geschwistern und Gleichgestellten gespielt und dient dazu, herauszufinden, wer wo in der Hierarchie steht. Wenn Ihr Hund der Meinung ist, er sei ganz niedrig in der Hierarchie, muss man erst sein Selbstbewusstsein aufbauen, bevor er diese Spiele genießen kann.

Aufbau von Erregungsstrategien

- A. Achten Sie darauf, dass das Spielzeug am Ende der Reizangel so weit wie möglich von Ihnen entfernt ist. Ihre Nähe kann zu einschüchternd sein. Immer wenn der Hund das Spielzeug fängt, lassen Sie das »Tierchen« ein bisschen zappeln.
- B. Achten Sie darauf, dass Ihre Körpersprache nicht konfrontativ ist. Stellen Sie sich nicht frontal zum Hund, drehen Sie Ihren Kopf weg, spielen Sie mitleiderregend schlecht und erlauben Sie dem Hund, Sie hinter sich her zu schleifen.
- C. Wenn der Hund das Spielzeug loslässt, lassen Sie es blitzschnell entkommen, aber ermutigen Sie den Hund, es erneut zu fangen. Die Aufregung ist dann am höchsten, wenn man wieder leer ausgeht.
- D. Verlängern Sie die Jagdsequenz vor dem Packen. Die zusätzliche Anstrengung wird den Hund körperlich erregen und zu einem starken Zupacken führen, wenn sich die

Gelegenheit bietet. Lassen Sie den Hund in kurzer Distanz jagen, mit vielen Schnappen in die Luft und Frustration, weil er das Spielzeug sehr häufig eben nur »fast« erwischt.
- E. Wenn der Hund scharf auf Spielzeug ist, aber nicht besonders motiviert jagt, belohnen Sie das Jagen mit einem Click und schnalzen Sie ihm dann das Spielzeug zu. Jeder mutige Jagdversuch wird damit belohnt, dass die (dumme) Beute Richtung Hund fliegt, um sich von ihm fangen zu lassen.

Spiel 7.4 Selbstkontrolle: Halten und Tragen

Übung für: Längeres Festhalten, sauberes Aufnehmen, sauberes Tragen und Annäherung.

Benötigte Vorkenntnisse: Umgang mit der Reizangel.

Sie benötigen: Ein leicht zu packendes Spielzeug an einer Reizangel. Es sollte so groß sein, dass es das Maul füllt, damit möglichst viele Zähne es festhalten.

Viele Rassen haben keinen instinktiven festen Biss. Ihr Verhalten wurde vielleicht dahingehend selektiert, dass nun Hüten, Geruchsarbeit oder Haushund-Qualitäten etc. im Vordergrund stehen.
Dieses Spiel dient nicht zum Stärken der Kiefermuskulatur, sondern stellt sicher, dass ein schlaffes Maul oder ein Nachfassen nicht bestärkt wird. Für Hunde ohne starke Kiefermuskeln müssen Sie Ihr Ziehen entsprechend abmildern und das Spielzeug nur leicht zappeln lassen. Manche Hunde können aus körperlichen Gründen nicht festhalten.

Trainingsschritte	Sie clicken	Sie belohnen mit
1. Arbeiten Sie an der Erregung und am Hetzinstinkt. Lassen Sie den Hund das Spielzeug fangen.	Das Fangen.	Mehr hetzen.
2. Beim ersten Kontakt mit dem Spielzeug schnippen Sie es schnell ein oder zwei Schritte weiter. Dann lassen Sie den Hund es erneut fangen. Weil das Selbstvertrauen in das erste Zupacken ein besonders starkes Zupacken fördert, achten Sie darauf, dass erfolgreiches Packen beim ersten Versuch immer belohnt wird.	Versuche zum erneuten Fangen	Festhalten des Spielzeugs und damit umherstolzieren lassen.

3. Sobald der Hund ausdauernd festhält, ziehen Sie ihn vorsichtig zu sich heran. Achten Sie darauf, dass der Hund auf Sie ausgerichtet ist und durch das Zergelspielzeug geleitet wird.	Ausrichtung auf Sie, Vorwärtsbewegen mit gutem Festhalten.	Herumstolzieren lassen und verbalem Loben, Zug nachlassen.
4. Fassen Sie die Reizangel-Leine mit den Händen und ziehen Sie den Hund mit dem Spielzeug vorsichtig näher zu sich heran.	Ausrichtung auf Sie und Nähe zu Ihnen.	Herumstolzieren lassen und verbalem Loben.
5. Wenn der Hund in Position ist und Sie das Spielzeug an der Leine haben, geben Sie das Signal für Sitz. Halten Sie einen leichten Zug an der Reizangelleine aufrecht. Wenn der Hund frühzeitig loslässt oder das Maul locker lässt, werfen Sie das Spielzeug weg und erwarten ein wenig Hetzen, bevor der Hund es erneut fängt.*	Sitzen mit Festhalten.	Herumstolzieren lassen und verbal loben.

Spiel 7.5 Selbstkontrolle: Zergeln

Übung für: Selbstkontrolle, gute Manieren, Verständnis, Konzentration.

Benötigte Vorkenntnisse: Umgang mit der Reizangel.

Sie benötigen: Zergel, die Sie und der Hund angenehm finden.

Diese Übung bietet exzellente Qualitätsspielzeit mit Ihrem Hund. Sie lehrt außerdem Selbstkontrolle und kann auch in kleineren Räumen geübt werden. Ein perfektes Werkzeug, um Konzentration zu fördern und fordern.
Die Regeln des Spiels werden dafür sorgen, dass gute Manieren gehegt und gepflegt werden. Durch verschiedene körperliche Übungen kann Kraft für das Zergeln aufgebaut und verschiedene Muskelgruppen können gestärkt werden (Seite 109).

Spaß beim Zergeln und Hetzen

Spielen Sie wie Freunde: Seien Sie großzügig und lassen Sie den Hund häufig gewinnen. Dieses Spiel sollte der Hund mindestens 49 % der Zeit gewinnen. Der letzte Sieg gehört immer Ihnen, genau wie die Aufforderung zu diesem Spiel immer nur von Ihnen ausgeht. Bieten Sie Ihrem Hund das Spiel immer nur einmal an, falls er nicht auf Ihre Spielaufforderung eingeht.

*Die meisten Hunde mit weichem Maul haben außerdem ein relativ niedriges Erregungsniveau, d. h. für sie wirkt wahrscheinlich nicht die Hetzsequenz bestärkend, sondern die Apportiersequenz. Wenn man sie nur durch Hetzen belohnt, achten Sie darauf, dass frühzeitiges Loslassen das Spiel für mindestens zwanzig Sekunden beendet.

Simulieren von Beutetöten

Das gesamte Spiel ist eine Übung für das Zerreißen von frischer Beute im realen Leben. Die Beute kann sich immer noch wehren. Sowohl Sie als auch der Hund wollen die Beute haben und nicht teilen. Sie könnte auch zerreißen oder sogar wieder wegrennen.

Halten Sie sich immer an die Regeln

Versehentliche Bisse in Ihre Hände oder Pfoten gegen Ihren Körper führen zum Spielabbruch.

Achten Sie auf Ihren Rücken

Denken Sie daran, möglichst gerade zu stehen. Wenn der Hund zu stark zieht, geben Sie nach und lassen Sie los. Je stärker Sie ziehen, desto stärker wird der Hund dagegen halten. Behalten Sie eine bequeme Haltung bei.

Spiel 7.6 Selbstkontrolle: Auf Signal ...

Übung für: Signalkontrolle, Konzentration, außergewöhnliche Reaktion.

Benötigte Vorkenntnisse: Eine Reihe von Verhalten auf Signalkontrolle.

Sie benötigen: Zergelseil oder Spielzeug an einer Reizangel.

Verhalten, die schon gut unter Signalkontrolle stehen oder Default-Verhalten für Aufmerksamkeit auf Sie können mit diesem Spiel auf ein unglaubliches Niveau angehoben werden. Wenn Spiel sich mit diesen Verhalten abwechselt, wirkt das Spiel nicht nur als Bestärkung, sondern die Emotionen des Spiels werden mit den Verhalten verknüpft. Die Verhalten werden spannender, schneller, konzentrierter und begehrenswerter.
Die Reaktionszeit auf das Signal könnte etwas schlechter werden (Zögern), wenn die Aufregung oder das Erregungsniveau zu hoch sind. Sie werden das Spiel anpassen müssen, um die Kriterien so zu steigern, dass der Hund zwischen Erregung und Kontrolle hin und her wechseln kann. Durch Erfahrung und viel Übung kann der Hund lernen, auch aus dem Hetzen eines Hasen zu stoppen ... Sie müssen nur den »Selbstkontrollmuskel« aufbauen und stärken.

Wenn Sie eine Serie von Verhalten für eine Aufführung trainieren, beginnen Sie verschiedene Verhalten zu verketten. Die gesamte Kette wird zwischen den Signalen für »Gibs« und »Spielen« stattfinden.

1. Erarbeiten Sie Erregungs-Spiele, haben Sie Spaß, lernen Sie die Freuden Ihres Hundes kennen und etablieren Sie Sicherheitsregeln.

Spielen Sie: Zergeln oder Hetzen

Belohnungssequenz: Clicken, Pause, »Spielen«, Spielzeug anbieten

Ausgabe-Sequenz: »Gibs«, »Meins«-Position

2. In verschiedenen Situationen, Erregungsniveaus mit verschiedenen Spielzeugen oder Spielen.

3. Arbeiten Sie an der Dauer der Leistung durch Verkettungen von Verhalten.

Gegebene verbale Signale

Beweise von Selbstkontrolle

Exzellente Reaktion auf »Gibs«

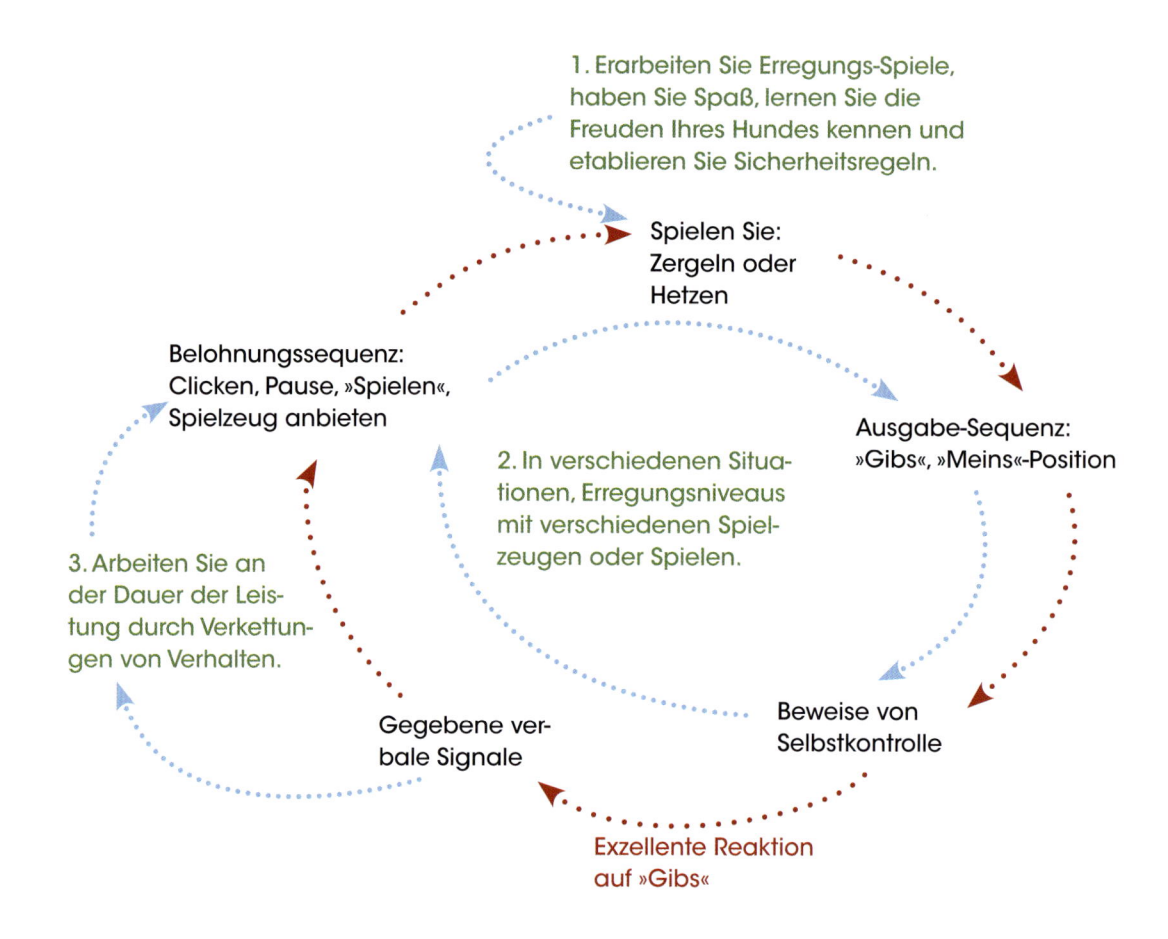

Halten der Konzentration

Stellen Sie sicher, dass der Hund Sie nicht als Beute anstatt als Ebenbürtigen zu betrachten beginnt.

Trainingsschritte	Sie clicken	Sie belohnen mit
1. Sobald der Hund »Gibs« und «Nimms« gut kann, fangen Sie an, sich langsam mit dem Spielzeug in der Hand zu bewegen. Achten Sie darauf, dass der Hund sich weiterhin auf das Spielzeug konzentriert und nicht auf Sie.	Konzentration auf das Spielzeug.	Spielen

2. Bauen Sie Geschwindigkeit und Lebendigkeit auf und achten Sie darauf, dass der Hund das Spielzeug beobachtet. Werfen Sie das Spielzeug und lassen Sie den Hund es erfolgreich fangen. | Halten der Konzentration auch bei stärkerer Ablenkung. | Spielen oder fangen und herumstolzieren lassen.

Spiel 7.7 Selbstkontrolle: Hals über Kopf

Übung für: Selbstkontrolle an der Beute, Impulskontrolle, Einweisen beim Dummytraining.

Benötigte Vorkenntnisse: Das Spielzeug an der Reizangel schnell wegschnippen, (Spiel 7.1, Spiel 7.2).

Sie benötigen: Zergel an einer Leine oder Spielzeug an einer Reizangel.

Bei manchen Hunden hat sich ein leicht auslösbares Jagdverhalten erhalten. Sie haben sich nicht besonders weit vom ursprünglichen Hund weg entwickelt und würden in der Wildnis vielleicht mit ihren Fähigkeiten überleben können. Die instinktiven Verhalten werden durch die Zergel- und Hetzspiele an die Oberfläche geholt. Wir können einen speziellen Überlebensmechanismus daraus verwenden und so ausbauen, dass der Hund ein extrem hohes Niveau an Selbstkontrolle bekommt.

Wenn der Hund ein Kaninchen entdeckt, kann er loshetzen – mit der Gefahr, dass es in seinen Bau verschwindet. Oder er kann sich langsam anschleichen, bis er dicht genug heran ist, um es packen zu können, bevor es im Bau verschwindet. Das Anschleichen ist bei vielen Rassen und Rassetypen noch vorhanden.

Spielen Sie Hetzspiele mit der Reizangel und üben Sie, das Spielzeug wegzuschnippen, sobald der Hund sich irgendwie Richtung Spielzeug bewegt. Nach nur wenigen Wiederholungen wird der Hund seine Stellung halten.

Trainingsschritte	Sie clicken	Sie belohnen mit
1. Spielen Sie das Hetzspiel mit der Reizangel und üben Sie, das Spielzeug wegzuschnippen, wenn der Hund eine Bewegung in Richtung Spielzeug macht (damit wird die Annäherung an die Beute effektiv bestraft).	Jede Andeutung eines Zögerns oder des Haltens der Stellung.	Schnippen Sie das Spielzeug zum Hund, damit er es fangen kann (Lassen Sie nicht den Hund zum Spielzeug rennen, sondern das Spielzeug kommt zum Hund).
2. Arbeiten Sie an der Dauer und Stärke der stationären Lauerhaltung und testen Sie die Konzentration.	Lauerhaltung und Konzentration.	Schnippen Sie das Spielzeug zum Hund, damit er es fangen kann.
3. Führen Sie ein Signal ein. Das kann eines für ein stationäres Lauern sein, zum Beispiel für das Warten beim Dummytraining, oder eine lauernde Annäherung für Vorstehhunde.	Kontrollierte Reaktion: Der Click wird durch das Signal für das Verhalten ersetzt.	Freigabe aus dem stationären Lauern mit dem Signal für ein anderes Verhalten: Hols, Geh weiter etc.

8 Problemlösungsspiele

In diesem Kapitel kommt das »Juwel« freies Formen oder Formen mit minimaler Hilfe besonders gut zur Geltung.

Sehr oft haben wir einen festgelegten Plan, was wir mit dem Hund trainieren wollen und wie er es lernen soll. Hunde können so viel mehr, als unsere begrenzte Vorstellung über ihre Lernfähigkeit hergibt.

Einen Tag im Leben eines Hundes zu beobachten kann uns Hinweise auf sein wahres Potenzial geben – und ich meine normale Hunde, nicht Super-Hunde oder Arbeitshunde, sondern eben einfach Hunde wie die Schnarchnase dort drüben. Sie passen sich Minute für Minute den Gegebenheiten an. Sie halten nach Gelegenheiten Ausschau, die ihren Persönlichkeiten entsprechen. Für die gemütlichen ist das vielleicht ein bequemes Fleckchen in der Sonne, für die Action-Helden der Rasenmähermann, für die immer Hungrigen das Kind, das gerade essen lernt. Sie beobachten ständig unsere Abläufe und lernen und antizipieren Gelegenheiten, die ihren Begierden entsprechen.

Sie erkennen sehr viele Leute auch nach mehrmonatiger Abwesenheit. Sie erkennen den Geruch von für sie wichtigen Menschen auch nach Monaten noch. Sie können ihre Geschwister wiedererkennen. Meine Welpen erinnern sich an mich und Amy auch nach vielen Jahren noch. Sie erkennen unsere Trainingsscheune. Sie erkennen Ihren Gang aus einer Gruppe von Leuten heraus. Sie wissen, wie sich Ihr Auto anhört. Sie erkennen die Kurven auf der Fahrt zu ihrem Lieblingsspazierweg. Und sie erinnern sich, wo sie das letzte Mal fast ein Kaninchen gefangen hätten.

Sie entdecken uns als eine permanente lebenslange Aktivität. Sie beobachten unsere Aktivitäten, finden heraus, was wir mögen und was nicht. Sie scheinen unsere Stimmungen vorherzusehen, aber tatsächlich beobachten sie unsere Körpersprache, bemerken verspannte Bewegungen und assoziieren unsere Reaktionen.

Sie schließen Kompromisse zwischen ihren Leidenschaften und unserem Lebensstil. Sie können nicht den ganzen Tag jagen, sondern müssen sich mit kleinen Jagdspielchen im Garten zufrieden geben. Sie können nicht buddeln und kauen und bellen und spielen, wenn sie es wollen, sondern nur, wenn wir es wollen. Sie müssen auf uns warten, um aufzustehen, ins Bett zu gehen, gefüttert zu werden und sie müssen lernen, nicht aus der Toilette zu trinken. Sie müssen sich in Selbstkontrolle üben, während sie lieber so richtig aus sich herausgehen würden.

Je mehr wir über Hunde lernen, desto mehr versetzen sie uns in Erstaunen.

Sie kommen in unser Leben und passen sich so gut an, dass wir ihre erstaunlichen Fähigkeiten oft als gegeben hinnehmen.

Sie sind die besten Schüler, die ich jemals unterrichten durfte. Alles was ich denke ihnen beibringen zu können, können sie noch toppen und mehr leisten, als ich jemals erwartet hätte.

Lassen Sie den Schüler den Lehrer unterrichten

In diesem Kapitel könnten Sie von den Socken sein, was Ihr Hund alles drauf hat. Clickertraining und ganz besonders freies Formen wird einen Kommunikationskanal öffnen, den Sie erst einmal zu verstehen lernen müssen. Wir besitzen eine Reihe guter Trainingsfertigkeiten, aber hier kann der Schüler uns beibringen, was er kann – und nicht, was wir glauben, ihm beibringen zu können.

Bei einer der Clicker Expos in Amerika gab Ken Ramirez vom Shedd Aquarium in Chicago, der jede Menge Erfahrung als Trainer von Meeressäugern hat, ein Seminar über modifizierende Signale. Ein paar unserer Trainer konnten teilnehmen und gaben mir eine Zusammenfassung des Trainings. Entweder hatte ich nicht richtig aufgepasst oder ich habe den Prozess falsch abgespeichert. Jedenfalls funktionieren sowohl Kens Version als auch meine Fehlinterpretation wirklich gut, haben aber unterschiedliche Ergebnisse im Bezug auf die Signale.

Bei der nächsten Expo berichtete ich aufgeregt meinen Dozenten-Kollegen davon und bekam ganz viele Kommentare in der Art von »Wow, ich wusste nicht, dass Hunde das können« zu hören (Es scheint die Vorstellung zu geben, dass Delfine so etwas lernen können, Hunde aber nicht. Deshalb habe ich mir als persönliches Projekt vorgenommen, dass ich all das, was Ken einem Delfin beibringen kann, den Hunden beibringen werde!). Mein erstes Projekt war »Welches ist das Größte?«. Alle Teilnehmer probierten es aus, und die Reaktion der Hunde war: »Hey cool, was kommt als Nächstes?«

Natürlich können Hunde unterscheiden, welches das Größte und welches das Kleinste ist – welches Kaninchen würden sie fürs Abendessen töten? Das kleinste, langsamste? Mit welchem Rüden würden Sie keine Prügelei beginnen? Mit dem größten und schnellsten!

Signale für Problemlösungen

Bevor Sie mit dem Training beginnen, müssen Sie einen Plan für die Ergebnisse des Problemlösungstrainings erstellen, besonders für die sogenannten Modifizierer.
Im Wesentlichen ist ein Modifizierer ein Adverb, welches beschreibt, wie ein bekanntes Verhalten verändert oder modifiziert wird:

Ein Schritt kann nach	rückwärts	oder	vorwärts gehen
Eine Drehung kann	linksherum	oder	rechtsherum gehen
Eine Pfote kann	hoch	oder	tief gehalten werden
Und ein Hindernis kann man	übersteigen	oder	darunter durchlaufen

Ein Modifizierungs-Signal kann allgemein gültig sein und auf eine Reihe verschiedener Verhalten angewendet werden, die man auf die gleiche Weise modifizieren kann:

Links und rechts:

Apportiere den	linken	oder	den rechten Gegenstand
Gehe	rechts	oder	links um den Tunnel
Winke mit der	linken	oder	der rechten Vorderpfote

Schnell oder langsam:

Komm	schnell	oder	langsam zu mir
Trage diesen Gegenstand	schnell	oder	langsam
Dreh dich	schnell	oder	langsam im Kreis

Die Reihenfolge für diese Signale ist:
    Pfote links   Pfote rechts
    Pfote links hoch   Pfote rechts tief
    Apportiere den links liegenden Gegenstand rechts herum zu mir

Für Sporthunde, die das Verhalten auf Tempo unterscheiden können müssen, ist keine Zeit für Modifizierungs-Signale. Der Hund muss durch einen Begriff wissen, mit welcher Pfote er was machen soll, zum Beispiel:

Linke Pfote	=	blau
Rechte Pfote	=	pink
Linke Pfote hoch	=	blau hoch gehalten
Rechte Pfote niedrig	=	pink flach gehalten

   Die Grenzen solcher Signale werden durch die Anzahl der einzelnen Signale bestimmt, die der Hund sich merken kann. Mit Modifizierungs-Signalen ergibt sich durch die Kombinationen ein größeres Repertoire, aber eine langsamere Reaktionszeit. Sie müssen sich bei der Entscheidung, wie Sie Ihre Signale geben wollen, Gedanken über Ihre zukünftigen Pläne machen.

Probleme lösen

Damit der Hund diese Konzepte begreifen und man geeignete Signale einführen kann, MUSS der Hund in seinem eigenen Tempo lernen dürfen. Wenn der Groschen gefallen ist, werden Sie es merken. Es wird so lange dauern, wie es eben dauert, da die Lösung einen Denkprozess erfordert und wir absolut keine Möglichkeit haben, dem Hund zu sagen »denk darüber nach«.

Sogar wenn wir unser Menschentrainings-Spiel »Genabacab« spielen, haben die Teilnehmer große Schwierigkeiten, außerhalb der gewohnten Bahnen zu denken. Aber sobald der Groschen gefallen ist, vergessen sie es nie mehr.

»Querdenken« und Problemlösung können gelernt und trainiert werden, damit sie immer variabler und kreativer werden. Aber Sie können es dem Schüler nie einfach abnehmen, sondern nur Situationen schaffen, die ihm Gelegenheiten bieten, die Lösung selber herauszufinden.

Kreatives oder diszipliniertes Lernen?

Als 1986 Karen Pryors Buch »Positiv bestärken, sanft erziehen« erschien, begannen viele Menschen die Clicker-Experimente mit ihrem Hund mit der Übung »101 Dinge, die man mit einer Box machen kann«.

Die Idee dabei ist, einen Pappkarton auf den Boden zu stellen und jede neue Art der Interaktion mit der Box zu clicken und zu belohnen: Pfoten-Touch, Nasen-Touch, drumherum gehen, hineinklettern, die Box schieben usw. Auf meinen Reisen sehe ich heutzutage Hunde, die sehr viel Erfahrung mit dieser Fertigkeit haben und sehr kreativ sind. Der Nutzen dieser Lernübung ist, das Selbstvertrauen des Schülers aufzubauen und ihn zu ermutigen, über das Ausprobieren zu lernen anstatt zu warten, bis er eine Anleitung bekommt. Heute haben wir sehr viele erfahrene Clickertrainer und neue Generationen von Welpen, die mit Selbstvertrauen ins Lernen geboren werden. Die Jungspunde brauchen selten das »101 Dinge mit der Box«-Spiel, um ihre Fertigkeiten zu entwickeln.

Der Nachteil dieser Lernart ist:
- Der Schüler bleibt nie bei einem Verhalten. Sobald das Verhalten belohnt wurde, ändert er sein Verhalten.
- Vielleicht wird richtig tolles Verhalten gezeigt, geht aber dann umgehend wieder verloren, wenn der Hund zum nächsten Verhalten wechselt.

Aber wenn man ihnen freie Hand gibt, können Hunde auf die erstaunlichsten Verhalten kommen, ihre Körper in die unglaublichsten Richtungen drehen und uns zum Lachen bringen.

Diszipliniertes freies Formen lenkt den Hund auf einem geführten Weg anhand des Trainingsplans zu einem festen Ziel. Wir können die Vorzüge des eigenständigen Lernens und die Problemlösungsfertigkeiten gleichzeitig genießen.

Ich sehe das Formen wie einen Baum. Der Hund beginnt am Stamm, ich sitze in meinem Stuhl, Futter und Clicker startklar:

»Aha, wir formen.« Der Hund beginnt, sich den Stamm hinauf zu bewegen und probiert am ersten dicken Hauptast: Ist es meine Pfote? Nein. Er probiert die anderen Möglichkeiten. Ist es mein Kopf? Nein. Ist es mein Körper? Ja. Soll ich ihn nach hinten links bewegen? und so weiter.

Der Hund, der »Zeig mir etwas Neues« gelernt hat, wird dazu tendieren, verschiedene »Verhaltenszweige« dieses Baumes durchzuprobieren. Sobald der Click ausbleibt, springt er zu einem neuen Verhalten, anstatt die Möglichkeiten des aktuellen Verhaltens auszutesten. Fester, schneller, mit beiden Pfoten etc.

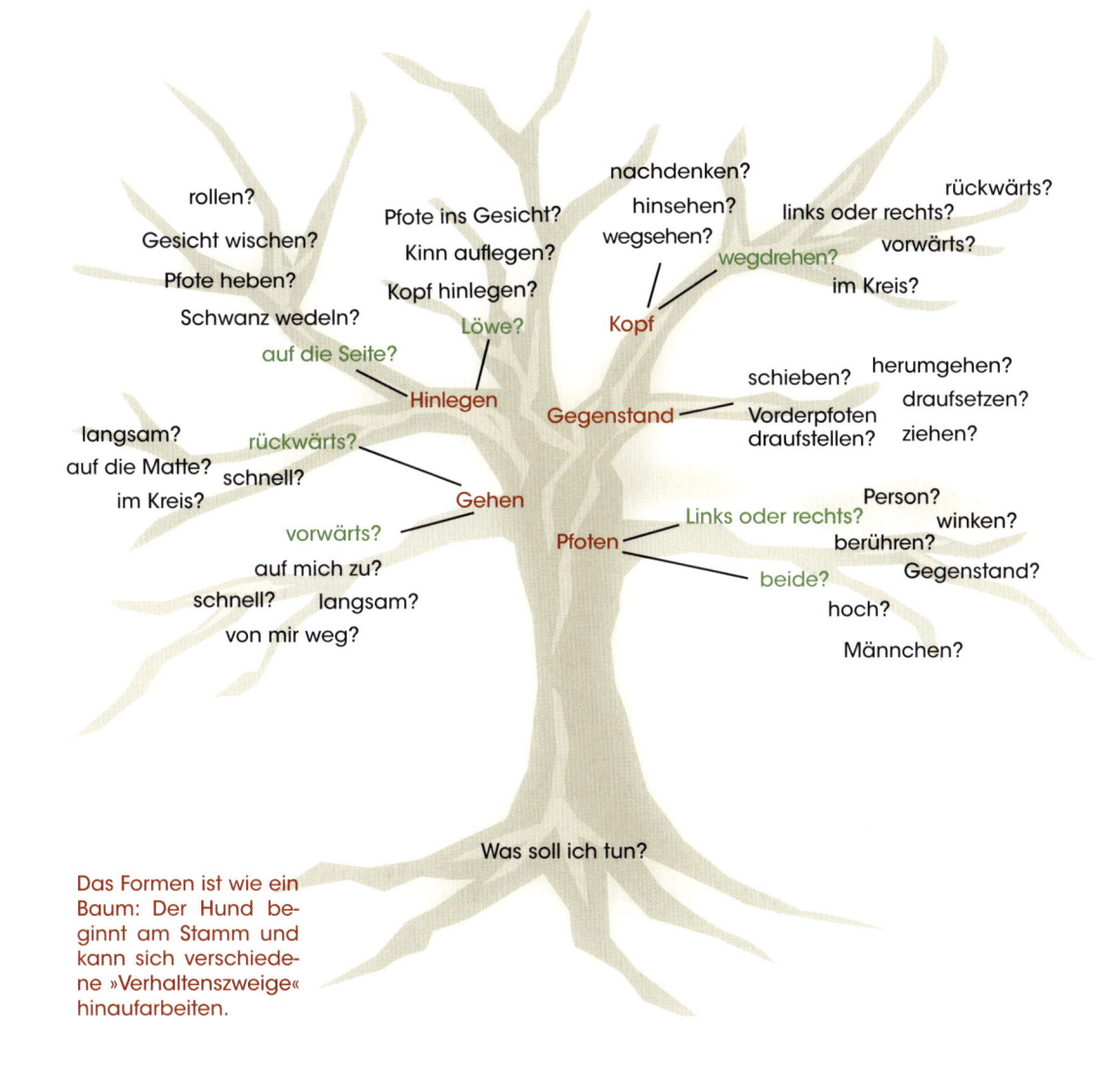

Das Formen ist wie ein Baum: Der Hund beginnt am Stamm und kann sich verschiedene »Verhaltenszweige« hinaufarbeiten.

Lernfähigkeit

Wir wissen ganz einfach noch nicht, was wir den Hunden alles beibringen können. Bei der Demonstration des «Größte/Kleinste«-Spiels fühlen sich Hundetrainer meistens wie vor den Kopf geschlagen. Es hat tiefgreifende Folgen: Habe ich die Intelligenz meines Hundes jahrelang unterschätzt? Warum habe ich das zuvor nie erkannt?

Bis wir alle mehr darüber gelernt haben, was ein Hund alles lernen kann, unsere kommunikativen und Sprachfähigkeiten verbessert haben und lernende Lehrer geworden sind, kennen wir die tatsächlichen Fähigkeiten der Hunde nicht. Aber es ist höchst aufregend, das zu erforschen!

Überlasten Sie Ihren Hund zunächst nicht mit zu vielen Konzept-Rätseln. Man kann sie nur schwer auf Signal setzen und sobald der »Querdenk«-Groschen gefallen ist, scheinen Hunde immer wieder zu diesem Gedanken zurück gezwungen zu werden. Wenn Sie mit dem »Was gehört nicht in die Reihe«-Spiel angefangen haben, werden Sie das »Finde das, was zu dem Muster passt« nicht so einfach finden wie dann, wenn Sie damit als Erstes begonnen hätten.

Anzeigen

Bei vielen der Rätselspiele muss Ihr Hund eine Frage beantworten:
- Welches gehört nicht in die Reihe?
- Welches ist das kleinste?
- Welches ist meins?
- Wo ist das Rauschgift?

Damit der Hund Ihnen seine Antwort erfolgreich kommunizieren kann, benötigen Sie ein Anzeigeverhalten. Beispielsweise eine Pfotenberührung, eine Pfote heben, Platz, fixiertes Ansehen. Vermeiden Sie Verhalten, das nicht gut in diese Kette passt, wie zum Beispiel ein Apport oder Rückwärtsgehen. Wenn der Hund das Falsche anzeigt, kann das Anzeigeverhalten »vergiftet« werden, wenn er zu viele Fehler macht.

Um ein Anzeigeverhalten auszuwählen, legen Sie Futter oder das Spielzeug Ihres Hundes in einen Behälter, aus dem der Hund es nicht alleine herausbekommt – ein Stück Futter in einem Schraubglas, ein Spielzeug unter einem Pflasterstein etc. Stellen Sie die Situation und belohnen Sie den Hund für die Versuche, an das Futter/Spielzeug zu gelangen.

Beobachten Sie, welches Verhalten am häufigsten wiederholt wird und markieren Sie das, um die anderen Verhalten auszusortieren. Wenn Sie das natürliche Verhalten unter diesen Bedingungen auswählen, ist dieses vermutlich das am wenigsten stressige und offensichtliche Verhalten, wenn Sie eine Frage stellen.

Sorgen Sie für fehlerfreies Lernen

Wenn man die Hunde darin schult, eine Wahl zu treffen, könnte man leicht den einfachsten Trainingsweg einschlagen und nur dann clicken, wenn der Hund es richtig macht. Wenn ich acht Gegenstände vor mir aufbaue und den Hund frage »welcher ist der größte«, könnte ich warten, bis der Hund das richtige Objekt berührt, clicken und belohnen. Aber dabei würde der Hund sehr viele Verhalten zeigen, die nicht korrekt sind, d.h. falsche Gegenstände anzeigen. Am Ende einer Session mit zehn gestellten Fragen hat der Hund vielleicht fünfzig Mal falsch geantwortet und nur zehn Mal richtig. Das ist ein fürchterliches Verhältnis.

Hinzu kommt, dass der Hund vielleicht so viele Dinge lernt, von denen Sie denken, diese seien die richtigen und jene, die Sie suchen, die es aber letztlich nicht sind. Er wandert vielleicht um die Gegenstände herum, bis Sie clicken, oder bevorzugt den Gegenstand, den Sie gerade woanders hingestellt haben, zeigt den an, den Sie zuletzt berührt haben etc.

Der Hund muss so viel Unterstützung beim Lernen bekommen, wie Sie nur geben können. Ihr Wissen über Ihren Hund und seine Lernfähigkeiten werden Ihnen sagen, wann er in der Lage ist, Ihre Aktionen vorherzusehen. Zeigen Sie ihm weiterhin die richtige Lösung und warten Sie, bis er die Verknüpfung heraus hat. Wenn er Ihre Aktionen vorausnehmen will, wird er es Ihnen zeigen – und er wird daran riesigen Spaß haben!

Spiel 8.1 Das ist ein....?

Übung für: Erinnerungsvermögen, motorische Fertigkeiten, Lernfähigkeit.

Benötigte Vorkenntnisse: Grundlagen des freien Formens, Interaktion mit Objekten.

Sie benötigen: Fünf einzigartige Objekte, die zu Signalen für die unterschiedlichen Verhalten werden. Wählen Sie Objekte, die leicht voneinander zu unterscheiden und leicht zu handhaben sind:
Beispiel:
Kleine Scheibe	linke oder rechte Pfote
Glasdeckel	linke oder rechte Pfote
Plastikflasche	Nasentouch an den Schraubverschluss
Kleine Matte	beide Vorderpfoten darauf stellen
Kegel	umrunden

Dieses Spiel ist eins der ersten, das wir mit jungen Welpen spielen. Noch bevor sie die Fähigkeit entwickelt haben, verbale Signale mit Verhalten zu verknüpfen, können sie eine Vielzahl von Gegenständen unterscheiden. Sie entwickeln zudem ihre motorischen

Fertigkeiten und lernen sie durch Wiederholung zu verfeinern. Welpen sind perfekte freie Former. Ab ungefähr zwölf Wochen haben die meisten diese Art zu lernen raus. Für ältere Hunde ist diese Übung ebenfalls zuträglich.

Formen Sie ungefähr fünf Verhalten, einschließlich:
- Etwas mit einer einzelnen Pfote für die Balance und Körperkontrolle
- Etwas, um Aktionen nach links und solche nach rechts zu unterscheiden
- Etwas, wobei der ganze Körper bewegt wird
- Etwas mit einem Ort oder Platz, an den man gehen soll
- Eine Kopfbewegung

Trainingsschritte

1. Erarbeiten Sie die Interaktion entweder der linken oder der rechten Vorderpfote mit dem Objekt durch freies Formen.
Generalisieren Sie das Objekt in verschiedenen Höhen und Winkeln.

2. Wechseln Sie das Objekt und formen Sie eine Körperbewegung oder einen Nasentouch, etc. Wechseln Sie die Objekte, bis alle Verhalten erlernt sind und der Hund ohne zu zögern reagiert, wenn die Objekte präsentiert werden. Das wird mehrere Sessions benötigen.

3. Legen Sie sich alle fünf Objekte so zurecht, dass Sie sie leicht austauschen können. Das Lernziel ist eine gute Reaktion auf jedes Objekt, wenn es präsentiert wird. Steigern Sie die Anzahl der Objekte, zwischen denen Sie wechseln, langsam. Starten Sie dabei erst mit zweien, dann mit dreien, dann mit vieren und so weiter.

Das Signal einführen
Das Objekt IST das Signal und kann gewechselt werden, um gutes Erinnerungsvermögen zu üben.

Spiel 8.2 Wo bist du?

Übung für: Querdenken, Entfaltung des Verstandes, Lernfähigkeit.

Benötigte Vorkenntnisse: »Geh auf Deine Matte« ist nützlich, aber nicht unbedingt notwendig, Einführung von neuen Signalen.

Sie benötigen: Trainingsraum mit vielen festen Ausstattungsgegenständen.

Hunde lernen schnell neue Verhalten, die leicht für uns zu lehren sind, wie Aktionen, Bewegungen, etc. Hunde sind aber auch gut darin, zu wissen, wo sie sind – und wo Norden ist, sozusagen. Sie haben eine gute geografische Wahrnehmung.

Sie wissen, wo sie in Relation zu anderen Hunden, Menschen oder ihren Ressourcen sind: Ihre Höhle, die Hintertür, das Auto etc. Diese Fähigkeit kann verloren gehen, außer, sie wird geübt. Eine herausfordernde Trainingsübung.

Trainingsschritte	Sie clicken	Ort der Belohnung
1. Setzen Sie sich mit Leckerchen auf einen Stuhl in die Mitte des Trainingsbereiches. Sie werden immer von diesem Platz aus trainieren. Werfen Sie die Leckerchen eins nach dem anderen ringsum in den Raum und lassen Sie den Hund die Umgebung erkunden. Achten Sie darauf, ob er sich in einem Bereich lieber aufhält und dort lieber die Leckerchen aufsammeln geht.	Erstmal noch nichts.	Wenn Sie sich wiederum als Mittelpunkt einer Uhr vorstellen, werfen Sie Leckerchen in jede Richtung.
2. Wählen Sie einen Ort in der Nähe eines fixen Gegenstands am Rand Ihres Trainingsbereiches. Wenn der Hund in dem Bereich ist, clicken Sie und werfen das Leckerchen möglichst präzise in diesen Bereich. Werfen Sie das Leckerchen schnell genug, sodass der Hund nach dem Click den Bereich nicht verlassen kann.	Wenn der Hund in einem bestimmten Bereich des Raumes ist, wenn möglich, bei verschiedenen Aktivitäten.	In dem bestimmten Bereich oder jenseits davon. Verhindern Sie, dass der Hund zu Ihnen zurückkommt.
3. Fangen Sie an, eine kleine Pause zwischen dem Click und dem Leckerchenwurf einzubauen, um zu testen, ob der Hund in dem Bereich bleibt, wenn er den Click hört.	Wenn der Hund in einem bestimmten Bereich des Raumes ist.	In dem bestimmten Bereich oder jenseits davon. Verhindern Sie, dass der Hund zurück zu Ihnen kommt.
4. Beginnen Sie, das Leckerchen woanders hin zu werfen, um herauszufinden, ob dem Hund bewusst ist, wo er ist und nicht nur bleibt, wo das Futter hinfällt. Möglicherweise müssen Sie mehrfach zu Schritt zwei zurückgehen, bevor dem Hund bewusst wird, dass es darum geht, wo er sich befindet, und nicht um ein Verhalten, das er ausführt.	Nähe zum gewählten Bereich.	Außerhalb des Bereiches, um den Lernfortschritt zu prüfen.

Das Signal einführen

Das Signal für den Ort kann jederzeit eingeführt werden und kann aus den Himmelsrichtungen bestehen (Norden, Süden, Osten, Westen), Nähe zu einem Möbelstück: Stuhl, TV, Mülleimer etc. Arbeiten Sie mit der »Neues Signal/Altes Signal«-Methode.

Spiel 8.3 Welches ist es?

Übung für: Querdenken, Entfaltung des Verstandes, Lernkapazität

Benötigte Vorkenntnisse: Grundlagen des freien Formens, Einführen eines neuen Signals (Seite 25).

Sie benötigen: Einige Gegenstände (fünf bis zehn) in doppelter Ausführung, klein genug, damit Sie sie in einer Hand halten können, um sie dem Hund zu zeigen.

In diesem Spiel lernt der Hund, das Objekt, das Sie ihm zeigen, zu betrachten und das dazu passende Objekt zu finden und Ihnen anzuzeigen. Wechseln Sie die Objekte regelmäßig, damit das richtige Objekt nicht immer an der gleichen relativen Position steht. Achten Sie darauf, dem Hund das Objekt aus dem Blickwinkel zu zeigen, wie er es auch auf dem Boden sehen wird.

»Neues Signal /Altes Signal«-Methode

Trainingsschritte	Sie clicken	Ort der Belohnung
1. Beginnen Sie damit, für beide Objekte eines Paares ein gleich starkes Anzeigeverhalten aufzubauen. Gehen Sie die Objekte nach und nach durch und formen Sie das Anzeigeverhalten. Gleichen Sie die Bestärkungsgeschichte so aus, dass schwaches Anzeigeverhalten, das an einigen Objekten auftritt, »stark gemacht« wird. Alle Objekte bekommen das gleiche Anzeigeverhalten.	Starkes Anzeigeverhalten, wenn es dem Hund das erste Mal gezeigt wird.	Werfen Sie das Leckerchen weg, damit Sie Zeit haben, ein anderes Objekt zur Hand zu nehmen.

2. Legen Sie drei Objekte in einer geraden Linie quer vor sich auf den Boden. Werfen Sie ein Leckerchen in Richtung zwölf Uhr. Wenn der Hund zurückkommt, zeigen Sie dem Hund mit der Hand, welches Objekt er anzeigen soll. Zeigen Sie darauf oder geben Sie ein Handsignal für das Objekt.	Anzeigeverhalten an dem Objekt, das Sie vorgegeben haben.	Werfen Sie das Futter wieder Richtung zwölf Uhr. Dadurch kann sich der Hund auf dem Rückweg zu Ihnen die Objekte ansehen.
3. Wenn der Hund alle Objekte zuverlässig anzeigt, nehmen Sie das passende Gegenstück eines der Objekte und halten Sie es so, dass der Hund es sehen kann und deuten Sie dann auf das richtige Gegenstück in der Reihe.	Anzeigeverhalten des Objekts, das Sie mit Handzeichen vorgegeben haben.	Werfen Sie Futter Richtung 12 Uhr.

Möglicherweise müssen Sie zunächst clicken, dass der Hund sich das Objekt ansieht, welches Sie in der Hand halten, bevor Sie das Signal für das Anzeigeverhalten geben.

4. Wie bei der »Neues Signal/Altes Signal«-Methode wiederholen Sie diese Sequenz so lange, bis Sie sehen, dass der Hund Ihrem Handsignal vorgreift und selbstständig das richtige Objekt anzeigt.	Selbstständiges Anzeigen des Objekts.	Werfen Sie Futter Richtung 12 Uhr. Beobachten Sie die Augenbewegung des Hundes, wenn er zurückkommt.

Verändern Sie die Anordnung der Objekte regelmäßig und führen Sie schrittweise neue Objekte ein. Arbeiten Sie aber nicht immer am frisch eingeführten Objekt. Denken Sie daran, die Qualität des Anzeigeverhaltens im Auge zu behalten, bevor Sie neue Objekte einführen. Alle Anzeigen müssen gleich sein.

Variationen

Den übereinstimmenden Geruch anzuzeigen kann auf dem gleichen Weg über die »Neues Signal/Altes Signal«-Methode trainiert werden. Benutzen Sie mindestens fünf identische Behälter. Geben Sie eine winzige Menge eines Geruchstoffs auf ein Tuch und geben Sie das in den Behälter (Marmeladengläser eignen sich gut). Lassen Sie den neben sich sitzenden Hund an einem Tuch mit dem gleichen Geruch schnuppern (Sie haben fünf »Geruchspaare«), und zeigen Sie dann wieder mit der Hand an, welches Behältnis den richtigen Geruch enthält. Achten Sie darauf, dass der Hund an jedem Glas schnuppert. Sie können ein Stückchen Futter verwenden, um dies zu unterstützen. Ähnlich wie das Finden des passenden Geruchspaares kann der Hund lernen, die passende Person zu einem Geruchsbeispiel zu finden. Bitten Sie fünf Personen, sich hinzusetzen und lassen Sie jeden ein Stück Stoff in den Händen reiben. Dabei überträgt sich ihr Geruch auf den Stoff. Schreiben Sie jeweils den Namen der Person auf das jeweilige Stück Stoff. Bitten Sie sie, ihre Hände im Schoß zu halten. Lassen Sie den Hund an einem Stoffstück schnuppern und zeigen ihm dann, welche Person er anzeigen soll. Schleichen Sie schrittweise Ihr Handzeichen aus, bis er selbst die richtige Person zu finden beginnt.

Liebstes / Unbeliebtestes

Idee von Ken Ramirez

Sie benötigen: Eine Reihe von Spielzeugen oder Objekten (zehn bis fünfzehn), die in der Attraktivität für den Hund vom »Liebsten« (A) zum »Unbeliebtesten« (C) reichen. Klein genug, um sie in der Hand halten und dem Hund zeigen zu können.

Trainingsschritte	Sie clicken	Ort der Belohnung
1. Platzieren Sie nacheinander jeweils ein Objekt zwischen sich und dem Hund. Belohnen Sie den Hund für korrektes Anzeigeverhalten jedes Objekts und notieren Sie sich, welches Sie für das Beliebteste halten.		
2. Wählen Sie ein A- und ein C- Objekt aus und halten Sie je eins in jeder Hand hinter Ihrem Rücken. Zeigen Sie dem Hund das Liebste, während Sie das andere noch versteckt halten und stellen Sie sicher, dass der Hund direkt das Objekt ansieht. Bringen Sie das Objekt wieder hinter Ihren Rücken, dann legen Sie beide Objekte gleichzeitig vor sich auf den Boden.	Der Hund zeigt sein beliebtestes Objekt an.	Werfen Sie ein Leckerchen Richtung 12 Uhr.
3. Arbeiten Sie weitere Paarungen ab, wobei Sie dem Hund immer das Objekt zeigen, welches er vermutlich auswählen wird. Nach und nach lassen Sie ihn dann auch zwischen mittelmäßig beliebten und seinem liebsten Objekt und schließlich zwischen Favorit und Favorit auswählen.	Dass der Hund das passende Objekt anzeigt.	Werfen Sie ein Leckerchen Richtung 12 Uhr.

Über mehrere Lektionen verteilt:

Wähle zwischen Objekt A und Objekt C	A wird ausgewählt (A ist das beliebteste)
Wähle zwischen Objekt A und Objekt B	A wird ausgewählt (A ist das beliebteste)
Wähle zwischen Objekt B und Objekt C	B wird ausgewählt (B ist das beliebteste)
Wähle zwischen Objekt C und Objekt B	C wird gewählt (C ist das passende Objekt)
Wähle zwischen Objekt B und Objekt A	B wird gewählt (B ist das passende Objekt)
Wähle zwischen Objekt C und Objekt A	A wird gewählt (C ist das passende Objekt)

Spiel 8.4 Welches passt nicht dazu?

Übung für: Querdenken, Entfaltung des Verstandes, Lernfähigkeit.

Benötigte Vorkenntnisse: Einführung eines neuen Signals (S. 25). Anzeigeverhalten, Pfotenberührung, Ansehen, Platz.

Sie benötigen: Vier Objektpaare.

Bei diesem Rätsel wird ebenfalls wieder die »Neues Signal/Altes Signal«-Methode verwendet.
Der Punkt, an dem Sie das alte Signal weglassen können, ist nicht festgelegt. Sie werden die Körpersprache des Hundes beobachten müssen. Wenn er zu den Gegenständen zurückkommt, wird er diese aufmerksam zu betrachten beginnen anstatt auf Ihre Hände zu schauen, auch wenn diese sich noch gar nicht bewegen.
Sie können schrittweise das alte Signal ausschleichen. Wenn der Hund einen Fehler macht, kommen Sie erneut auf die »Neues Signal/Altes Signal«-Methode zurück.

Trainingsschritte	Sie clicken	Ort der Belohnung
1. Beginnen Sie das Anzeigeverhalten aller Objekte zu verstärken. Formen Sie dazu bei einem Objekt nach dem anderen das Anzeigeverhalten. Achten Sie darauf, so zu bestärken, dass der Hund jeden Gegenstand gleich stark anzeigt.	Starkes Anzeigeverhalten an jedem Objekt, wenn es dem Hund gezeigt wird.	Werfen Sie das Futter, damit Sie Zeit haben, die Objekte auszutauschen.

2. Legen Sie drei Objekte in einer Reihe zwischen sich und dem Hund auf den Boden. Zwei sind identisch, das dritte ist das andersartige, das nicht dazu passt. Deuten Sie mit der Hand auf das nicht passende, sodass der Hund es sehen kann, wenn er nach dem Einsammeln seines Leckerchens zurückkommt.	Anzeigeverhalten bei dem Objekt, auf das Sie deuten.	Werfen Sie Futter in Richtung 12 Uhr, damit der Hund beim Zurückkommen die Objekte ansehen kann.
3. Platzieren Sie die Objekte um, damit das nicht zu den anderen passende nicht immer an der gleichen Stelle liegt. Machen Sie mit der »Neues Signal (Wort)/Altes Signal (Handzeichen)«-Methode weiter, bis Sie das Gefühl haben, dass der Hund in der Lage ist, es selbst ohne Ihr Handzeichen zu probieren.	Selbstständiges Auswählen des Objekts.	Werfen Sie Futter Richtung 12 Uhr.

Beispiel für die wechselnde Position des »falschen« Gegenstandes:

A	A	B	B ist korrekt
A	B	B	A ist korrekt
B	B	C	C ist korrekt
C	B	C	B ist korrekt
A	A	C	C ist korrekt

Sobald der Hund den nicht passenden aus drei Gegenständen anzeigt, kann die Anzahl der identischen Gegenstände erhöht werden.

Variationen

Das Spannende an dieser Lernerfahrung ist, dass man nun alle Voraussetzungen hat, vom Spiel »Passt nicht dazu« weiter zur Problemstellung »Welches ist das Größte, Kleinste, am weitesten Entfernte, aus einem anderen Material bestehende« etc. weitergehen kann. Ein großartiges Potenzial!

Für Hunde, die das Prinzip »Passt nicht dazu« sehr gut verstanden haben, machen Sie so weiter, dass das nicht Passende immer das Größte ist. Achten Sie darauf, dass Sie die Alternativen auswechseln: Wechseln Sie die größten Objekte und die kleinsten Objekte. Sobald der Hund fehlerfrei immer das größte anzeigt, tauschen Sie nur eins der beiden anderen Objekte aus. Wobei das größte immer das größte der drei ist – es ist aber nicht mehr das »Passt nicht dazu«.

Das Signal einführen
Rätselfragen als Signal zu stellen erfordert so viel Hilfe wie nur irgend möglich. Verwenden Sie eine verbale Frage und ein Handsignal als das neue Signal!

Spiel 8.5 Welches ist das Größte?

Übung für: Querdenken, Entfaltung des Verstandes, Lernfähigkeit.

Benötigte Vorkenntnisse: Grundlagen des freien Formens, Einführung eines neuen Signals.

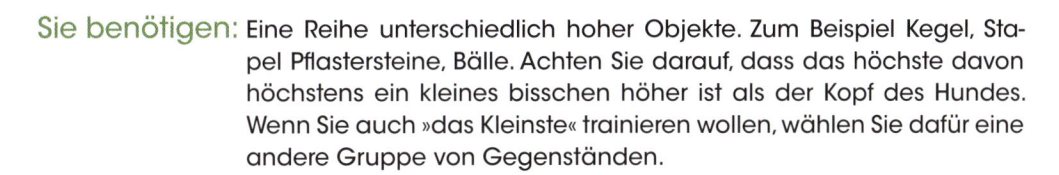

Sie benötigen: Eine Reihe unterschiedlich hoher Objekte. Zum Beispiel Kegel, Stapel Pflastersteine, Bälle. Achten Sie darauf, dass das höchste davon höchstens ein kleines bisschen höher ist als der Kopf des Hundes. Wenn Sie auch »das Kleinste« trainieren wollen, wählen Sie dafür eine andere Gruppe von Gegenständen.

Das Größte bezogen auf die Höhe oder auf die Masse? Das müssen Sie entscheiden, bevor Sie beginnen, da für den Hund vermutlich beide Möglichkeiten erkennbar sind. Haben Sie keine Eile damit. Der Hund braucht vielleicht mehrere Lektionen, um das Konzept zu verstehen. Obwohl wir das erfahrenen Formungs-Hunden schon in nur zehn Wiederholungen beigebracht haben. Was wir anfangs auch nicht glauben konnten!

Trainingsschritte	Sie clicken	Ort der Belohnung
1. Beginnen Sie, das Anzeigeverhalten aller Objekte zu verstärken. Formen Sie dazu bei einem Objekt nach dem anderen das Anzeigeverhalten. Achten Sie darauf, so zu bestärken, dass jedes Objekt gleich stark angezeigt wird.	Starkes Anzeigeverhalten, wenn Sie dem Hund das Objekt zeigen.	Werfen Sie Futter, damit Sie Zeit haben, die Objekte auszutauschen.
2. Legen Sie drei Objekte zwischen sich und dem Hund auf den Boden. Verwenden Sie die Sequenz aus der Abbildung unten, um die Objekte nach Ort und Höhe auszuwechseln.	Anzeigeverhalten bei dem Objekt, auf das Sie zeigen.	Werfen Sie Futter Richtung 12 Uhr, damit der Hund beim Zurückkommen die Objekte ansehen kann.
3. Um festzustellen, ob das Richtige gelernt wurde, achten Sie darauf, dass das erfolgreiche Objekt nicht mehr das größte, aber immer noch in der Reihe ist.	Selbstständiges Anzeigen des richtigen Objekts.	Werfen Sie Futter Richtung 12 Uhr.

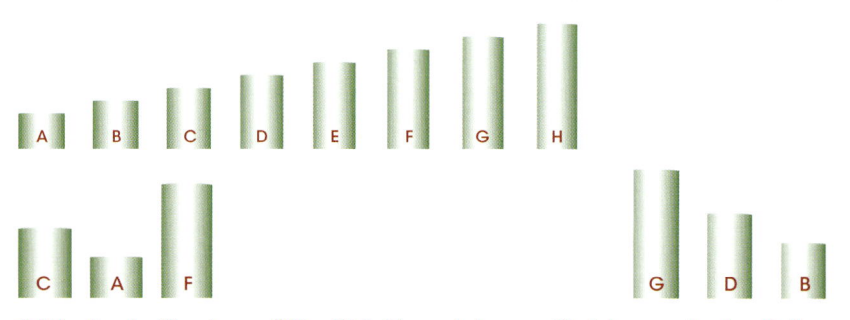

A B C D E F G H

C A F   G D B

1. Wechseln Sie das größte Objekt und dessen Platzierung in der Reihe aus.

E D G F C   E D C F B

2. »G« ist das größte.

3. »F« war bisher nicht das größte und wurde korrekterweise nicht ausgewählt, jedoch ist es nun das größte Objekt dieser Reihe.

Das Signal einführen

Rätselfragen als Signal zu stellen erfordert so viel Hilfe wie nur irgend möglich. Verwenden Sie eine verbale Frage und ein Handsignal als das neue Signal!

Spiel 8.6 Zeig mir etwas Neues

Übung für: Querdenken, Entfaltung des Verstandes, Lernfähigkeit.

Benötigte Vorkenntnisse: Grundlagen des freien Formens.

Sie benötigen: »Formungs-Teppich«, zehn dem Hund unbekannte Gegenstände, mit denen er interagieren kann.

Ihr Signal für »Zeig mir etwas Neues« wird ein Formungs-Teppich. Dieser muss groß genug sein, damit der Hund darauf arbeiten und seine Position halten kann.
Wenn der Hund auf dem Teppich geformt wird, ist das Defaultverhalten »etwas Neues«. Wenn der Hund etwas Neues anbietet, woran Sie weiter arbeiten oder das Sie einfangen wollen, räumen Sie den Teppich weg und der Hund sollte beim gleichen Verhalten bleiben.
Um den Teppich als Signal für »etwas Neues« zu etablieren, beginnen Sie mit verschiedenen Gegenständen, die Sie gerade zur Hand haben. Für jedes Verhalten wechseln Sie den Gegenstand aus und clicken, wenn das angebotene Verhalten ein anderes ist. Eine Pfotenberührung aufeinander folgender Objekte ist zu ähnlich. Nehmen Sie den Teppich weg und bleiben Sie bei demselben Objekt, wobei Sie fünf Wiederholungen desselben Verhaltens belohnen. Dann legen Sie den Teppich wieder aus und starten mit einem neuen Gegenstand.

Trainingsschritte	Sie clicken	Ort der Belohnung
1. Legen Sie Objekt A auf den Teppich	Ein Verhalten	Auf dem Teppich
2. Wechseln Sie zu Objekt B	Neues Verhalten	s.o.
3. Wechseln Sie zu Objekt C	Neues Verhalten	s.o.
4. Wechseln Sie zu Objekt D	Neues Verhalten	s.o.
5. Wechseln Sie zu Objekt E	Neues Verhalten	s.o.
6. Nehmen Sie den Teppich weg, legen Sie Objekt E hin. Fünf Wiederholungen	Das gleiche Verhalten	Auf dem Boden
7. Legen Sie Objekt F (G, H…) auf den Teppich	Neues Verhalten	Auf dem Teppich
8. Wechseln Sie zwischen 6 und 7 und schauen Sie, ob der Hund das Signal zum Wiederholen vorwegnimmt oder etwas Neues anbietet.	Was der Teppich anzeigt	Auf dem Teppich oder Boden

Variationen

Sobald der Hund den Sinn des Teppichs verstanden hat, weiten Sie die Kreativität aus:

Etwas Neues, ohne Gegenstand.
Derselbe Gegenstand, aber tue etwas anderes damit.
Ein ganzer Haufen Gegenstände auf dem Teppich, wechseln Sie einen davon jedes Mal aus.

Hier können spannende neue Verhalten entstehen, die der Hund entwickelt hat und die er wahrscheinlich liebt. Diese können Interaktionen mit Gegenständen oder Verhalten ohne die Gegenstände sein.

Zusätzlich können wir mit dem »Wechsel das Objekt«-Verhalten eine Wiederholung desselben Verhaltens, aber an einem neuen Gegenstand lehren, wie zum Beispiel:

Aufräumen: Hol Deine herumliegenden Spielzeuge
Klingele die Glocken: Berühre jedes Mal eine andere Glocke

Führen Sie das Signal ein
Das Signal für »Mach etwas Neues« ist der Teppich, und:

Wenn ein einzelner Gegenstand auf dem Teppich liegt, heißt das: Mach etwas Neues mit diesem Objekt

Wenn kein Gegenstand auf dem Teppich liegt, heißt das: Mach irgendetwas Neues auf dem Teppich

Wenn verschiedene Gegenstände auf dem Teppich liegen, heißt das: Zeig das gleiche Verhalten, jedes Mal an einem anderen Gegenstand

Welches ist nun das Größte?

Glossar

Signal einführen
Der Prozess, ein Verhalten unter Signalkontrolle zu stellen. Üblicherweise ein Wort, ein Handzeichen, Umweltsignal oder Gegenstand.

Aerobes Training
Fördert: kardiovaskuläre Fitness und erhält sie. Stärkt das Herz, verbessert die Lungenkapazität und sorgt für gute Gewichtskontrolle. Langsames Joggen oder schnelles Gehen sind Beispiele für aerobes Training beim Menschen.

Anaerobes Training
Konzentration auf bestimmte Muskeln und deren Größe, Ausdauer und Stärke. Gewichtheben und Widerstandstraining sind Beispiele für anaerobes Training beim Menschen.

Default-Verhalten
Das Verhalten, das der Hund ausführen soll, wenn er kein Signal bekommt oder wenn er sich nicht erinnern kann, was das gegebene Signal bedeutet.

Flexigility
Ein Übungsprogramm, das entwickelt wurde, um Gleichgewichtsgefühl, Erfahrung und Flexibilität zu fördern. Zusammengestellt aus »Agility« (Beweglichkeit) und »Flexibility« (Flexibilität).

Schnick-Click
Schnickbewegung mit der Hand, die dem Hund sagt, dass er sich eine Belohnung verdient hat. Man kann so ein Leckerchen werfen oder die Richtung zu einem Futtervorrat anzeigen.

Freies Formen
Hier wählt der Schüler seinen Lernweg zum Ziel des Lehrers selbst. Frei von Signalen, Aufforderungen und Lockmitteln. Belohnt wird jeder Versuch in die richtige Richtung und damit das Zielverhalten »geformt«.

Wissenslücke
Der Bereich zwischen dem, was der Hund schon gelernt hat und dem Lernziel.

Mikro-Formen
Training in winzigen Schritten. Fehlerfreies Freies Formen mit Genauigkeit und einer Erfolgsquote von 95%.

Modifizierungs-Signal
Modifiziert ein Verhalten durch ein vorangestelltes Signal: schneller, langsamer, links oder rechts, höher oder tiefer.

Nervenbahnen
Verbindungen zwischen verschiedenen Gehirnteilen, können Funktionen verknüpfen. Werden während der Gehirnentwicklung gebildet und dann ein Leben lang benutzt.

Verstärker
Etwas, was das Verhalten stärker macht. Das muss nicht immer eine Belohnung aus der Hand, sondern kann auch eine Bewegung oder Reaktion Ihrerseits auf das Verhalten des Hundes sein.

Belohnungen
Alles, was der Schüler in dem Moment als belohnend empfindet. Üblicherweise Futter, Aufmerksamkeit, eine Aktivität etc. Belohnen eines Ergebnisses oder einer Aktion. Der Lehrer entscheidet, ob der Schüler einen Vorgang lernt oder ein Ergebnis. Wenn man lernt, ein Auto zu fahren, ist der Vorgang des Fahrens das Wesentliche, nicht, an einem bestimmten Ort anzukommen.

Selbstkontrolle
Der Hund kontrolliert sein Verhalten und reagiert nicht impulsiv.

Targetstab
Ein Objekt, das an einem Stab befestigt ist. Wird gewöhnlich in der Hand gehalten, um eine Richtung vorzugeben oder eine Bewegung hervorzurufen.

Targettraining
Lernen mithilfe eines anderen Verhaltens. Das Benutzen von Gegenständen, um bestimmte Verhalten auszulösen. Helfen beim nächsten Lernschritt. Sehen Sie auch Kapitel 3, Spiele mit Gegenständen.

Visueller Click
Eine Handbewegung, die bedeutet, dass das Verhalten eine Belohnung eingebracht hat z.B. Anbieten eines Leckerchens.

Reizangel
Spielzeug, das am Ende einer Gerte, Longierpeitsche oder ähnlichem befestigt ist.